랜드마크로 보는
세계사 이야기

전 세계 유명 건축물에 깃든 역사 문화 예술

교과 연계

사회 4-1 2. 우리가 알아보는 지역의 역사
사회 5-2 1. 옛 사람들의 삶과 문화
사회 6-2 1. 세계 여러 나라의 자연과 문화

랜드마크로 보는 세계사 이야기

전 세계 유명 건축물에 깃든 역사 문화 예술

1판 1쇄 발행 2024년 2월 28일
1판 3쇄 발행 2025년 10월 20일

글 구완회 | 그림 권동현

펴낸곳 머핀북 | **펴낸이** 송미경 | **편집** skyo0616 | **디자인** 채담
출판등록 제2022-000122호 | **주소** 서울특별시 마포구 신촌로 2길 19 304호
전화 070-7788-8810 | **팩스** 0504-223-4733 | **전자우편** muffinbook@naver.com
블로그 blog.naver.com/muffinbook | **인스타그램** muffinbook2022

ⓒ 구완회, 권동현 2024

ISBN 979-11-93798-00-3 73900

책값은 뒤표지에 있습니다.
잘못된 책은 구입하신 서점에서 바꾸어 드립니다.
이 책은 저작권법에 따라 보호받는 저작물이므로 무단 전재와 복제를 금합니다.
이 책의 내용을 이용하려면 반드시 저작권자와 머핀북의 동의를 받아야 합니다.

어린이제품 안전특별법에 의한 기타표시사항
제품명 도서 | 제조자명 머핀북 | 제조국명 한국 | 사용연령 8세 이상
KC마크는 이 제품이 공통안전기준에 적합하였음을 의미합니다.

랜드마크로 보는
세계사 이야기

전 세계 유명 건축물에 깃든 역사 문화 예술

구완회 글 | 권동현 그림

머핀

작가의 말

랜드마크 따라 떠나는 흥미진진 세계사 여행

랜드마크란 원래 어떤 지역(랜드)에 정해 놓은 표지(마크)를 가리켜요. 사람들이 길을 잃지 않도록 보통은 큰 바위나 나무를 랜드마크로 삼았지요. 그런데 시간이 지나면서 랜드마크의 뜻이 더 넓어졌어요. 요즘은 어떤 지역이나 국가를 대표하는 건축물, 조각 같은 조형물을 랜드마크라고 부른답니다. 딱 보면 누구나 그곳이 어디인지 알 수 있는 것들 말이에요. 서울 경복궁이나 뉴욕 자유의 여신상, 파리 개선문 같은 것들이 해당되지요.

이런 랜드마크들은 도시를 넘어 국가를 상징하기도 해요. 자유의 여신상을 보면 누구나 미국을 떠올리는 것처럼요. 피라미드는 이집트를, 앙코르 와트는 캄보디아를 상징하지요. 이런 랜드마크는 대부분 세계적으로 유명한 관광지예요. 해마다 수억 명의 사람들이 각 나라를 대표하는 랜드마크를 보기 위해 여행을 떠나요. 중국 만리장성을 보러 오는 사람은 한 해에 천만 명이 넘고, 일본 오사카 성도 수백만 명이 방문하지요.

이렇게 랜드마크에 사람들이 몰리는 것은 단지 유명해서가 아니에요. 그곳에 오랜 세월 동안 쌓인 역사와 문화, 예술이 담겨 있기 때문이지요. 피라미드에는 고대 이집트 역사가, 마추픽추에는 신비한 잉카 문명이, 브란덴부르크 문에는 독일 통일의 기쁨이, 성

　소피아 성당에는 기독교와 이슬람 문화가 깃들어 있어요. 그래서 랜드마크를 둘러보는 것만으로도 세계의 역사와 문화를 느끼고, 깨닫고, 즐길 수 있답니다.

　이 책에는 전 세계의 랜드마크 20곳을 담았어요. 대륙별 대표 국가를 뽑고, 그 나라를 상징하는 랜드마크를 골랐지요. 욕심 같아서는 더 많은 랜드마크를 넣고 싶었지만, 여러분이 부담스러울까 봐 대표 선수급으로 딱 20곳만 추렸어요. 그래도 아쉬운 곳은 부록으로 간략한 정보를 넣었으니 이것도 같이 봐 주세요. 대표 랜드마크 선정을 위해 유네스코가 선정한 세계 문화유산 목록도 참조했어요.

　자, 그럼 지금부터 랜드마크를 따라 흥미로운 역사 여행을 떠나 볼까요? 여러분은 편히 앉아서 책만 보면 돼요. 랜드마크를 따라 여행하다 보면 어느새 세계의 역사와 문화, 예술까지 한꺼번에 알게 된답니다.

구완회

차례

작가의 말
4

경복궁
8

만리장성
16

오사카 성
22

앙코르 와트
28

타지마할
34

70
파르테논 신전

76
성 바실리 대성당

82
사그라다 파밀리아 성당

88
자유의 여신상

94
치첸이트사

성 소피아 성당
40

영국 국회의사당
46

파리 개선문
52

콜로세움
58

브란덴부르크 문
64

100
모아이 석상

106
구원의 예수상

112
마추픽추

118
기자 피라미드

124
시드니 오페라하우스

130
함께 알아 두면 좋은
세계의 랜드마크

경복궁

위치 : 대한민국 서울
건축 시기 : 1394~1395년
특징 : 조선 제일의 법궁

조선의 으뜸 궁궐, 서울의 랜드마크

경복궁은 조선 왕조 제일의 법궁(으뜸이 되는 궁궐)이에요. 세계 곳곳에서 우리나라를 찾는 외국인들이 꼭 들르는 서울의 랜드마크이기도 하지요. 궁궐 안에는 옛 건물과 아름다운 꽃, 나무들이 어우러져 있고 경복궁 북쪽에 우뚝 솟은 북악산과도 조화를 이룬답니다.

경복궁 근정전(국보 223호)

경복궁의 이모저모

오랫동안 큰 복을 누리는 궁궐

태조 이성계는 한양(서울)을 새 도읍으로 정하고 궁궐을 짓기 시작했어요. 궁궐 공사의 책임자는 조선 건국의 일등 공신 정도전이었지요. 그는 궁궐을 완성한 후 '오랫동안 큰 복을 누린다'는 뜻을 담아 경복궁이라고 이름 지었어요.

경복궁의 정문 광화문과 해태상

경복궁의 중심, 근정전과 조정

넓은 경복궁의 중심 공간은 근정전과 조정이에요. 근정전은 임금이 참여하는 국가 행사가 열리는 건물이고, 조정은 신하들이 줄지어 서서 임금에게 인사를 올리던 뜰을 말해요.

경복궁 근정전과 조정

근정전 내부의 어좌

근정전 천장의 칠조룡

근정전의 화려한 단청

❗ **단청**은 목조 건물에 여러 가지 빛깔로 무늬를 그려서 아름답고 장엄하게 장식한 것이에요. 잡귀를 쫓는 의미도 있고 왕의 위엄과 권위를 표시하기도 해요. 조선시대에 들어서면서 단청이 밝고 화려해졌으며 문양도 다양해졌어요.

궁궐의 재앙을 막아 주는 장식들

경복궁 곳곳에는 궁궐의 재앙을 막아 주기를 기원하며 만든 다양한 장식들이 있어요. 전각 지붕 추녀마루 위에 올리는 장식기와 '잡상', 경회루 연못에 넣었던 '청동용', 광화문 앞 '해태상' 등이 있지요.

경회루 연못에서 출토된 청동용

근정문 잡상(대당사부)

해태상

자연과 조화를 이루는 아름다운 궁궐

정도전은 궁을 설계할 때 자연과의 조화를 중시했어요. 덕분에 북악산, 인왕산 등과 잘 어우러진 모습이 되었지요. 그래서 경복궁은 중국 자금성처럼 위압적이지 않고, 포근한 느낌을 주어요.

경복궁 전경 | 광화문과 근정전 일대 뒤로 북악산과 청와대가 보여요.

국왕의 업무 공간, 왕실의 생활 공간

경복궁은 크게 임금과 신하들이 나랏일을 보는 공간과 왕비·왕자 등 왕족들이 생활하는 공간으로 나뉘었어요. 그래서 넓은 땅에 약 330개나 되는 많은 건물을 지었지요. 하지만 일제 강점기를 지나면서 대부분의 건물이 사라지고 말았답니다.

수정전 | 세종 때 집현전으로 쓰이던 건물로, 이곳에서 한글이 창제되었어요.

건청궁 | 왕과 왕비의 생활 공간으로 1873년(고종10)에 지어졌어요.

자경전 | 자경전은 조선 후기의 대비(임금의 어머니)들이 생활하던 건물이에요. 후원에는 색색의 글자와 무늬를 새긴 꽃담이 있는데, 특히 십장생도가 그려진 굴뚝은 벽화처럼 매우 아름다워요.

광화문에서 바라본 흥례문

한눈에 보는 경복궁

❶ 광화문 ❷ 흥례문
❸ 근정문 ❹ 근정전
❺ 사정전 ❻ 강녕전
❼ 교태전 ❽ 흥복전
❾ 수정전 ❿ 경회루
⓫ 자선당 ⓬ 소주방
⓭ 자경전 ⓮ 집경당
⓯ 향원정 ⓰ 건청궁
⓱ 집옥재 ⓲ 태원전

사정전 | 임금이 평소에 신하들과 나랏일을 의논하던 집무실이에요. 임금의 어좌 뒤편에 일월오봉도 병풍과 용 두 마리가 그려진 운룡도가 있는데, 조선은 용을 통해 임금의 고귀함을 강조했어요.

자선당 | 세자와 세자빈의 침전(잠을 자는 방)이에요. 자선당 오른쪽 건물은 세자가 업무를 보던 비현각입니다. 자선당과 비현각을 포함해 세자와 세자빈이 생활하던 공간을 동궁이라고 해요.

소주방 | 임금의 수라와 궁중 음식을 만들던 경복궁의 부엌이에요. 임금의 수라를 만드는 내소주방, 잔치 음식이나 고사 음식을 준비하는 외소주방, 임금의 간식을 차리던 생물방으로 나뉘어요.

연회를 베풀고 휴식을 취하는 장소

경회루는 외국 사신을 접대하거나 임금이 신하들에게 연회를 베풀던 장소예요. 1412년에 태종이 화려하게 지었으나 임진왜란 때 화재로 모두 불타 사라지고 말았지요. 현재의 경회루는 1867년(고종4)에 다시 지어진 거예요. 임금과 왕비의 휴식처이자 생활 공간이었던 건청궁 앞에는 향원지라는 큰 연못을 파고 그 가운데에 정자를 꾸몄어요. 이것이 바로 향원정이에요.

경회루

향원정

💡 〈북궐도형〉은 경복궁의 모습을 모눈종이 위에 배치평면도 형태로 나타낸 건축 그림이에요. 흥선 대원군이 경복궁을 다시 지은 뒤인 19세기 후반에 제작했을 것으로 추측해요. 조선시대에 제작된 도형 가운데 최대 걸작이지요. 일제 강점기에 대부분의 건물이 철거되기 직전, 경복궁 내 전각의 배치와 모습을 알 수 있어서 매우 귀중한 자료예요.

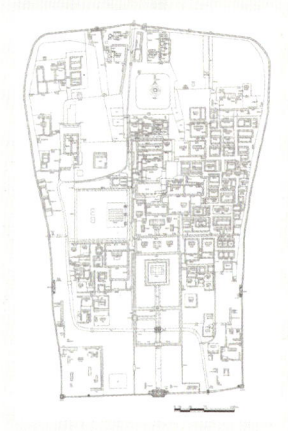

〈북궐도형〉

경복궁에 깃든 역사

새 나라 조선의 설계자, 정도전

정도전은 경복궁과 한양 도성을 설계하고 조선의 기초를 다지는 데 앞장섰어요. 경복궁 왼쪽에 종묘(죽은 왕의 영혼을 모신 곳), 오른쪽에 사직단(토지신과 곡식신을 모신 곳)을 세웠으며, 나라를 다스리는 법과 여러 제도도 만들었어요. 정도전의 사상과 조선의 건국 이념은 그의 문집 《삼봉집》에 잘 담겨 있어요.

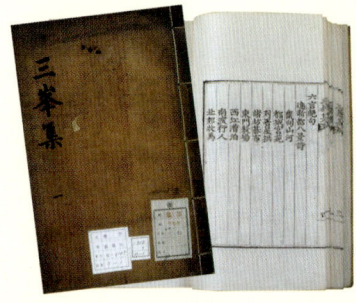

《삼봉집》

명성 황후가 시해된 건청궁 옥호루

1895년 청일 전쟁에서 승리한 일본은 청나라의 랴오둥반도를 차지하는 등 세력이 점점 커졌어요. 당시 외교에서 중요한 역할을 하던 명성 황후는 일본의 속박에서 벗어나기 위해 러시아와 손을 잡았지요. 그러자 일본은 왕비의 침실인 건청궁 옥호루에 자객을 보내 명성 황후를 죽였어요.(을미사변)

흥선 대원군이 주도한 경복궁 공사

경복궁의 궁궐 건물은 임진왜란 때 불타 대부분 폐허가 되었어요. 그래서 270년 동안 공터로 남아 있다가, 1867년 고종의 아버지 흥선 대원군의 주도로 다시 지어졌지요. 하지만 일제 강점기와 한국 전쟁을 거치면서 또다시 크게 파손되었어요. 현재의 모습은 이후 여러 차례 고쳐 지은 거예요.

> **생각의 날개**
>
> 만약 흥선 대원군이 경복궁을 재건하지 않았다면 오늘날 서울의 모습은 어땠을까요? 우리 역사에서 경복궁이 갖는 의미를 이야기해 보아요.

옥호루 사진이 인쇄된 엽서(일부분)

흥선 대원군 초상화

대한민국 Republic of Korea

일본에게서 나라를 되찾기 위해 3·1운동을 벌인 결과 태어난 '대한민국 임시 정부'가 우리나라의 뿌리예요. 이전까지는 왕이 나라의 주인인 왕국이었지만, 이때부터 국민이 주인인 민주 공화국으로 거듭났지요. 이후 남북 분단과 한국 전쟁 등 큰 시련을 겪었지만, 지금은 경제·문화 선진국으로 발돋움했어요.

위치 : 아시아 대륙 동쪽 끝
수도 : 서울
언어 : 한국어
통화 : 원(KRW, ₩)

불국사
우리나라의 대표 사찰이자 유네스코 세계 문화유산이에요. 신라 시대의 불교 예술을 엿볼 수 있는 귀중한 유적이지요.

N서울타워
서울 남산에 있는 전파탑을 겸한 전망대예요. 서울 시내가 한눈에 보이는 멋진 전경이 유명해요.

제주도
우리나라 서남해 쪽에 있는 가장 큰 화산섬이에요. 한라산 백록담, 만장굴, 천지연 폭포 등 아름답고 독특한 자연 경관을 볼 수 있어요.

비빔밥
쌀밥에 고기와 갖가지 나물을 넣고 양념에 비벼 먹는 우리나라의 대표적인 전통 음식이에요.

한복
우리나라 전통 의상으로, 현재는 명절이나 격식을 차려야 하는 중요한 행사가 있을 때 입어요.

태권도
우리나라 전통 무예를 바탕으로 만들어진 격투 경기예요. 지르기, 차기, 막기 등 손발을 사용하는 기술로 공격하고 방어하지요.

풍물놀이
농사를 짓거나 명절 때 흥을 돋우기 위해 연주하던 전통 음악이자 놀이예요. 북, 장구, 꽹과리, 징, 나발, 태평소 등을 연주하면서 춤추고 노래하지요.

만리장성

위치 : 중국 북부
건축 시기 : 기원전 3세기~17세기
특징 : 전 세계에서 가장 긴 성벽

인류 역사상 가장 거대한 건축물

만리장성은 중국 북부를 가로지르는 거대한 성벽이에요.
옛날 중국의 나라들은 흉노나 몽골 같은 북방 민족의 침략을 막기 위해
저마다 성벽을 쌓았는데, 처음 중국을 통일한 진시황이 이 성벽들을
하나로 연결하면서 만리장성이 시작되었답니다.

만리장성의 이모저모

최초로 중국을 통일한 진나라 황제, 진시황

천 년 넘게 쌓아 온 성벽

만리장성은 진시황 때 처음 만들어졌지만, 오늘날 남아 있는 성벽은 명나라가 몽골의 침입에 대비해 지은 거예요. 진시황 때는 흙으로 쌓았는데, 명나라 때 흙 대신 벽돌로 바꾸었지요. 무려 2,000년 동안 성벽을 쌓은 셈이에요.

지형에 맞추어 성벽을 쌓다

만리장성은 땅의 생긴 모양에 따라 쌓는 방법이 달랐어요. 평지에서는 방어력을 높이기 위해 더 높고 두껍게, 산을 지날 때는 무너지지 않도록 낮지만 더 튼튼하게 쌓았지요. 또한 건조한 지역에서는 수분이 많은 진흙 벽돌을 사용했어요.

한눈에 보는 만리장성
① 산하이관(산해관)
② 무톈위창청(모전욕 장성)
③ 쥐융관(거용관)
④ 쯔징관(자형관)
⑤ 냥쯔관(낭자관)
⑥ 옌먼관(안문관)
⑦ 펜관(편관)
⑧ 바다링(팔달령)
⑨ 진상링(금산령)
⑩ 자위관(가욕관)

진상링 | 진상링은 기복이 심한 산봉우리를 연결하고 있어 성벽이 매우 기이하면서도 웅장해요.

무톈위창청 | 총 길이가 2,250미터로 다른 장성에 비해 짧지만, 만리장성의 원형이 가장 잘 보존되어 있어요.

자위관 | 명나라 때 만든 서쪽 관문으로, 서역으로 통하는 중요한 요충지였어요.

바다링 | 만리장성 구간 중 가장 유명한 바다링은 바위를 자연 성벽으로 삼아 지어졌어요.

❗ 만리장성은 진짜 만 리일까요? 리(里)는 옛날 중국과 우리나라에서 거리를 표현하는 단위였어요. 우리나라의 1리는 약 400미터, 중국은 500미터예요. 만리장성의 양쪽 끝 성문 사이의 성벽 길이는 약 6,352킬로미터로 중국 기준 만 리(5,000킬로미터)가 훨씬 넘어요.

다양한 시설을 갖춘 군사 요충지

만리장성은 군사적 목적으로 지어진 만큼, 적의 침입에 대비한 망루, 관문, 봉화대 등이 곳곳에 설치되어 있어요. 한편 유네스코 세계 유산 홈페이지에는 만리장성을 달에서도 볼 수 있는 지구의 유일한 건축물로 소개하고 있어요. 하지만 만리장성은 폭이 평균 4~5미터에 불과해 달은커녕 인공위성에서도 보이지 않아요.

적을 감시했던 망루

마차가 달릴 수 있게 설계한 넓은 길

만리장성의 계단

만리장성에 깃든 역사

《열하일기》에 수록된 〈산해관 입궁도〉

만리장성 앞에서 울고 있는 맹강녀

조선 사신들의 첫 번째 관문

만리장성에서 동쪽 제일 끝에 있는 관문인 산하이관은 조선 사신들이 북경으로 들어갈 때 반드시 통과하는 곳이었어요. 그래서 조선 시대 실학자 박지원도 1780년에 청나라를 방문할 때 산하이관을 통해 들어갔지요. 그는 청나라에서 돌아온 뒤 중국 기행 문집인 《열하일기》를 썼는데, 이 책에 당시의 여정과 산하이관 이름이 고스란히 남아 있어요.

백성들의 고통이 담긴 만리장성

진시황은 만리장성 건설에 많은 백성을 강제 동원했어요. 그중에는 맹강녀의 남편도 있었지요. 하루는 남편이 꿈에 나오자 맹강녀는 만리장성 공사 현장을 찾아갔어요. 하지만 남편은 이미 죽어 성벽에 묻힌 뒤였고, 맹강녀가 슬피 울자 성벽이 무너지면서 남편의 시신이 나왔어요. 만리장성은 당시 백성들의 고통이 오롯이 담긴 유적이기도 해요.

만리장성의 길이 논쟁

2012년 중국은 만리장성의 길이가 21,196 킬로미터라고 발표했어요. 그런데 여기에는 고구려와 발해의 성까지 포함되어 있었지요. 고구려와 발해도 중국의 역사로 만들려고 만리장성의 길이를 늘린 거예요. 이처럼 중국은 2002년부터 막대한 자금을 들여 중국 국경에서 일어난 모든 일을 중국 역사로 끼워 넣는 연구를 해 왔어요.(동북공정) 이로 인해 고조선, 고구려, 발해의 역사가 왜곡되는 일이 없도록 관심을 가져야겠어요.

진시황도 두려워한 북방 민족들

중국 사람들은 예로부터 북방 민족의 침략을 두려워했어요. 힘으로 중국을 통일한 진시황도 북방 민족을 두려워해 만리장성을 쌓았지만, 그들의 침략을 막기에는 부족했지요. 특히 몽골족과 만주족은 중국 전체를 차지해 각각 원나라와 청나라를 세웠어요.
서양까지 정벌한 몽골의 칭기즈칸은 동서양에 걸친 대제국을 건설했답니다.

칭기즈칸 동상

생각의 날개

만리장성은 인류사에서 가장 거대한 유적이지만, 건축 과정에서 수많은 사람들의 희생이 강요되었지요. 훌륭한 문화유산의 조건에 대해 생각해 보아요.

중국 China

우리나라와 이웃한 중국은 세계 최대 수준의 인구와 광대한 국토를 가졌어요. 인구는 14억 명이 훌쩍 넘고(2023년 기준), 우리나라보다 100배 가까이 큰 영토를 가지고 있지요. 경제도 빠르게 성장해서 세계 2위를 차지하고 있어요. 우리나라가 가장 많은 물건을 사고파는 나라이기도 합니다.

위치 : 아시아 동부
수도 : 베이징
언어 : 중국어
통화 : 위안(CNY, 元)

판다
중국을 상징하는 동물로, 고지대의 대나무가 우거진 곳에 살아요. 10시간 넘게 대나무를 먹으며 하루를 보내지요.

자금성
1407년 명나라 황제 영락제가 지은 궁궐로, 명나라와 청나라의 황제 24명이 살았어요. 동서 약 760미터, 남북 약 1,000미터에 달하는 엄청난 크기를 자랑해요.

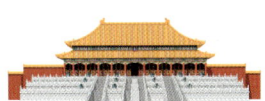

경극
노래, 춤, 연극이 혼합된 중국의 전통극이에요. 2010년에 유네스코 인류무형문화유산에 등재되었어요.

딤섬
'간단한 점심'이라는 뜻의 딤섬은 약 3천 년 전부터 중국 광둥 지방에서 만들어 먹었어요. 지금은 전 세계인이 즐겨 먹는 음식이지요.

치파오
청나라 때 만들어진 중국 전통 의복이에요. 원래는 남녀 의복을 모두 가리키는 말이었으나 지금은 원피스 형태의 여성 의복만 가리켜요.

중국 용춤
천으로 길게 만든 용의 형상을 들고 뛰어다니는 중국 전통 놀이예요. 용을 경이로운 동물로 숭배하고 제사를 지내는 의식에서 생겨나 예술로 발전했어요.

쿵후
중국의 전통 무술을 뭉뚱그려 부르는 이름이에요. 주로 손발을 이용해서 상대방을 공격하는 권법이지요. 때에 따라서 다양한 무기를 쓰기도 해요.

오사카 성

위치 : 일본 오사카
건축 시기 : 1583~1598년
특징 : 구마모토 성, 나고야 성과 함께
일본의 3대 성으로 꼽힘

오사카의 상징, 일본을 대표하는 성

100여 개가 넘는 일본의 옛 성 가운데 가장 유명해요. 도쿄에 이어 두 번째로 큰 도시, 오사카의 상징이기도 하지요. 도요토미 히데요시가 일본 통일을 꿈꾸며 크고 화려하게 지었는데, 오랜 세월 동안 화재와 전쟁의 폭격을 겪으면서 여러 번 다시 지어졌어요.

오사카 성 천수각
(1585년 완공)

오사카 성의 이모저모

일본 통일의 근거지가 된 성채

도요토미 히데요시는 일본 전국시대 때 인물이에요. 전국시대란 일본의 각 지역을 다스리던 영주(다이묘)들이 서로 싸우던 시대를 말해요. 밑바닥부터 시작해 일본 제일의 다이묘가 된 도요토미는 일본의 통일을 이루기 위한 근거지로 오사카 성을 크게 지었어요.

도요토미 히데요시 초상화

도요토미 권력의 상징, 천수각

오사카 성 중앙에 우뚝 솟은 주탑, 천수각은 높이가 약 55미터로 멀리서도 한눈에 보일 정도로 웅장해요. 지금은 꼭대기층만 금박을 입혔는데, 원래는 천수각 전체를 금박으로 입혀서 훨씬 화려했어요. 사실 천수각은 전쟁과 화재로 여러 번 다시 지어야 했답니다. 지금의 천수각은 1931년에 지상 8층으로 새로 지은 거예요. 겉모습은 옛날 성이지만 철근과 콘크리트를 사용해 복원했고 내부에 엘리베이터까지 있는 현대식 건물이지요. 1~7층은 역사 자료관이며, 8층은 오사카 경치를 볼 수 있는 전망대가 있어요.

천수각

오사카 성의 망루와 해자

오사카 성의 성벽

오사카 성 전경

거대한 성벽과 해자를 두른 전쟁 요새

오사카 성은 적의 공격을 대비해 두꺼운 성벽을 두르고, 성벽 곳곳에 적의 동태를 살피는 망루를 지었어요. 그리고 성벽을 따라 넓은 연못도 팠지요. 이런 연못을 '해자'라고 하는데, 오사카 성의 해자는 폭이 무려 75미터에 달해요. 또한 오사카 성에는 입구가 여러 개 있는데, 대표적인 문이 '사쿠라몬'과 '오테몬'이에요. 오테몬을 둘러싼 다몬 망루, 센간 망루는 국가 중요문화재로 지정되어 있답니다.

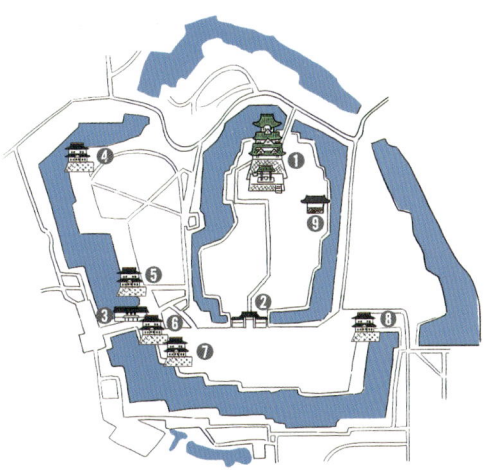

한눈에 보는 오사카성
❶ 천수각 ❷ 사쿠라몬 ❸ 오테몬
❹ 이누이 망루 ❺ 센간 망루 ❻ 다몬 망루
❼ 로쿠반 망루 ❽ 이치반 망루 ❾ 긴조(화폐 금고)

오사카 성에 깃든 역사

임진왜란 부산진 전투를 기록한 〈부산진순절도〉(일부분)

도쿠가와 이에야스 초상화

도요토미 히데요시의 출세와 몰락

도요토미는 가난한 농부의 아들로 태어났어요. 하지만 누구보다 빠르게 출세해서 가장 높은 자리까지 올랐지요. 그는 당시 가장 세력이 강했던 오다 노부나가의 부하였는데, 오다가 다른 부하의 배신으로 목숨을 잃자 재빨리 그 자리를 차지했어요. 그러고는 오사카에 거대한 성을 지은 뒤, 마침내 일본 통일에 성공했답니다. 하지만 1592년에 임진왜란을 일으키면서 도요토미는 몰락의 길을 걷게 됩니다. 결국 전쟁에서 아무것도 얻지 못한 채 1598년 세상을 떠났어요.

에도 시대를 연 도쿠가와 이에야스

도요토미가 죽은 후 그의 아들이 오사카 성을 물려받았지만 얼마 가지 못했어요. 도요토미의 부하였던 도쿠가와 이에야스가 오사카 성을 공격했기 때문이에요.(오사카 전투) 이 전투에서 도요토미의 아들은 목숨을 잃고, 오사카 성 또한 크게 파괴되었지요. 이후 도쿠가와의 뒤를 이은 아들이 오사카 성을 다시 지었지만 예전의 모습과는 많이 달라졌답니다. 이렇게 도쿠가와 가문은 에도 막부(도쿄의 군사 정부) 시대를 열고 그 뒤로 260년 넘게 일본을 지배했어요.

생각의 날개
일본의 최고 권력자가 된 도요토미는 왜 조선을 상대로 임진왜란을 일으켰을까요? 히데요시의 진짜 속셈이 무엇이었는지 자료를 찾아봐요.

오사카 성이 함락되는 순간을 그린 〈오사카 여름 전투 병풍〉

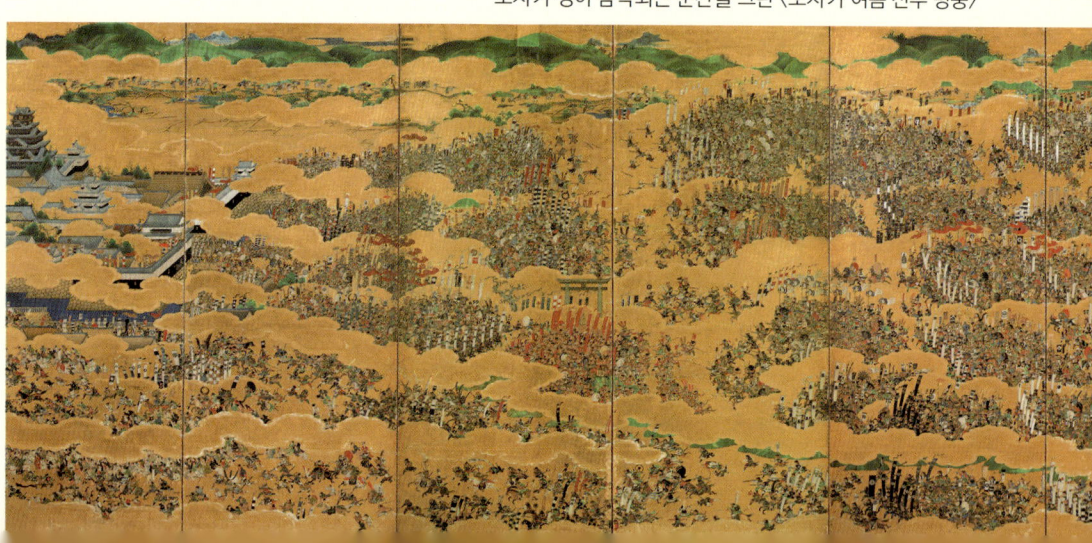

일본 Japan

일본은 큰 섬 4개(혼슈, 규슈, 시코쿠, 홋카이도)와 수천 개의 작은 섬들로 이루어진 섬나라예요. 국토는 대한민국보다 3.7배나 크고 인구도 두 배가 넘어요. 자동차, 컴퓨터, 비디오 게임 등 제조업이 고도로 발달했지요. 예로부터 태풍, 지진 등이 잦았는데, 이런 자연재해를 이겨 내고 잘사는 나라를 만들었어요.

위치 : 한반도의 동쪽
수도 : 도쿄
언어 : 일본어
통화 : 엔(JPY, ¥)

도쿄 타워

1958년에 파리 에펠탑을 모방해 지은 높이 333미터의 철탑이에요. 본래 방송용 수신탑이었으나 현재는 도쿄를 상징하는 관광 명소지요.

초밥

식초로 간을 한 흰밥을 한입 크기로 뭉친 뒤 생선, 해산물 등을 얹거나 말아서 먹는 일본 전통 음식이에요. 지금은 전 세계 사람들이 즐겨 먹어요.

후지산

해발 3,776미터로 일본에서 제일 높은 산이에요. 정상 부근에 1년 내내 눈이 쌓여 있는 모습이 매우 아름다워요. 1700년대 초 이후에는 분화 활동이 없었어요.

마네키네코

일본 어디에서나 볼 수 있는 고양이 인형이에요. 손님이나 재물을 불러들인다고 여겨 일본에서 '행운의 인형'으로 통해요.

스모

일본의 전통 씨름이에요. 두 명의 선수가 맞붙어 상대편을 씨름판 밖으로 밀어 내거나 넘어뜨려서 승부를 내요.

기모노

일본의 전통 의상이에요. 넓은 소매가 달려 있고 발목까지 길게 내려오는 T 자 형의 옷이지요. 옷깃을 여민 뒤 넓은 허리띠를 둘러요.

도리이

주로 신사 앞에 세우는 관문이에요. 신성한 곳이 시작된다는 것을 알리는 의미지요. 두 개의 기둥이 있고, 기둥 꼭대기를 서로 연결하는 가로대가 놓여 있어요.

앙코르 와트

위치 : 캄보디아 시엠레아프
건축 시기 : 1122~1150년
특징 : 크메르 왕국의 역사와 문화가 기록된 사원

세상에서 가장 크고 아름다운 힌두교 사원

앙코르 와트는 캄보디아 역사상 가장 강력한 나라였던 크메르 왕국의 왕실용 사원이에요. 총 면적이 약 2제곱킬로미터로 서울 여의도의 절반이 훌쩍 넘을 만큼 웅장한 규모를 자랑해요. 현재 앙코르 유적지 가운데 가장 잘 보존되어 있지요. 주변의 또 다른 유적인 앙코르 톰, 프놈 바켕 등과 함께 1992년 유네스코 세계 문화유산으로 지정되었어요.

앙코르 와트의 제3회랑과 중앙 탑

앙코르 와트의 이모저모

힌두교의 우주관이 담긴 종교 건축물

앙코르 와트는 힌두교 신 비슈누에게 바치는 사원이에요. 그래서 힌두교에서 말하는 우주의 모습이 잘 녹아 있어요. 사원 한가운데의 중앙 탑은 우주의 중심인 메루산을, 3중 회랑은 메루산을 감싸는 산맥을 뜻하지요. 사원을 둘러싼 해자는 우주를 감싸는 바다를 상징해요.

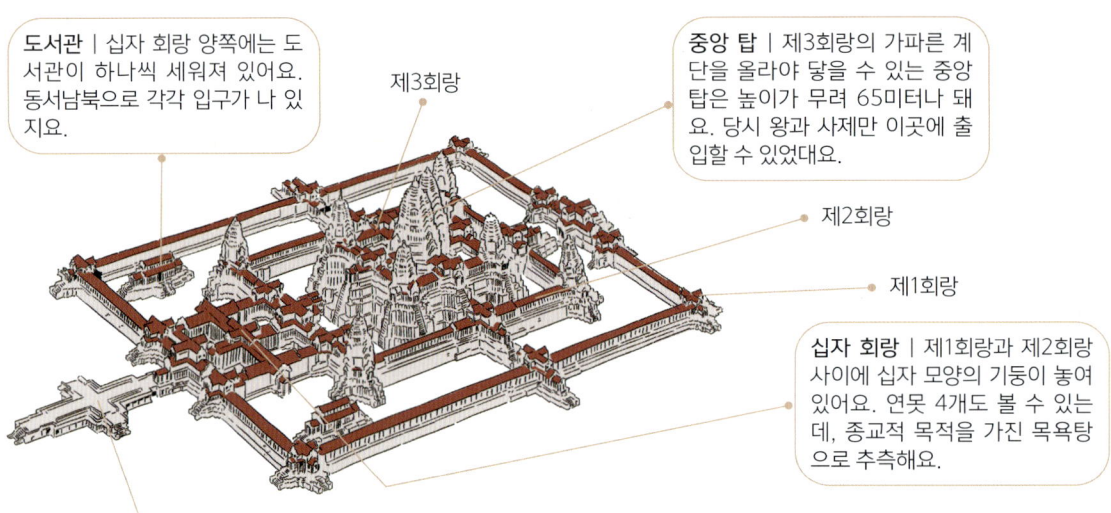

도서관 | 십자 회랑 양쪽에는 도서관이 하나씩 세워져 있어요. 동서남북으로 각각 입구가 나 있지요.

제3회랑

중앙 탑 | 제3회랑의 가파른 계단을 올라야 닿을 수 있는 중앙 탑은 높이가 무려 65미터나 돼요. 당시 왕과 사제만 이곳에 출입할 수 있었대요.

제2회랑

제1회랑

십자 회랑 | 제1회랑과 제2회랑 사이에 십자 모양의 기둥이 놓여 있어요. 연못 4개도 볼 수 있는데, 종교적 목적을 가진 목욕탕으로 추측해요.

십자형 테라스 | 사원의 입구로, 머리가 일곱 개인 나가(Naga) 신이 지키고 있어요. 인간계에서 천상계로 들어가는 것을 뜻해요.

제3회랑의 가파른 계단

중앙 탑 방향으로 바라본 십자 회랑

제1회랑과 제2회랑 사이에 있는 도서관

제3회랑에서 바라본 중앙 탑

힌두교 사원에서 불교 사원으로 바뀌다

앙코르 와트는 크메르 왕국의 전성기인 12세기 때 수리야바르만 2세가 3만여 명의 노예와 코끼리를 동원해 약 30년에 걸쳐 지었어요. 3.6킬로미터 길이의 외벽이 사각형 모양으로 사원을 감싸고 있는데, 엄청난 규모에 감탄이 절로 나와요. 한편 사원 곳곳에는 힌두교 신화 내용이 아름다운 조각으로 새겨져 있지요. 그러나 뒷날 크메르 왕국의 국교가 불교로 바뀌면서 몇몇 힌두교 신들의 상이 불상으로 바뀌기도 했어요.

제1회랑에 새겨진 부조

힌두교 신화의 쿠루 평원 전투를 묘사한 부조

크메르 왕국의 전통 춤인 압사라를 추는 무희

앙코르 와트에 깃든 역사

캄보디아의 최고 전성기를 이끈 크메르 왕국

크메르 왕국은 캄보디아 역사상 가장 크고 힘센 나라였어요. 802년 자야바르만 2세가 나라를 세운 이후 1431년 타이의 아유타야 왕국에게 무너질 때까지 600년 넘게 역사가 이어졌지요. 특히 앙코르 와트를 지은 수리야바르만 2세 때부터 앙코르 톰을 지은 자야바르만 7세 때까지가 전성기였어요. 이 시기 크메르 왕국은 중국 남부와 미얀마, 베트남 일대까지 넓은 영토를 지배했지요. 그래서 '크메르 제국'으로 불리기도 해요.

자야바르만 2세 조각상

프랑스 문화부 장관도 탐낸 앙코르 유적지의 유물

소설가이자 프랑스 초대 문화부 장관이었던 앙드레 말로는 1923년에 유적 탐사대를 이끌고 앙코르를 방문했어요. 이때 유적지 중 하나인 반티아이 스레이 사원의 조각상을 몰래 훔쳐 가려다 잡혀서 감옥까지 가게 되었지요. 말로가 벽에서 떼어 냈던 조각상은 원래 자리에 다시 붙여 놓았답니다.

반티아이 스레이 사원

거대한 도시 유적, 앙코르 톰

앙코르 와트에서 1.5킬로미터 떨어진 앙코르 톰은 크메르 왕국의 수도였어요. 앙코르 와트보다 더 큰 규모의 유적과 거대한 왕궁터, 아름다운 사원들이 남아 있지요. 앙코르 톰에서 가장 유명한 사원은 타프롬과 바욘이에요. 특히 '바욘의 미소'로 불리는 관음보살상은 크메르 왕조의 국교가 힌두교에서 불교로 바뀐 것을 알려 주어요.

바욘 사원의 관음보살상

생각의 날개

앙코르 유적지의 수많은 유물들이 전쟁, 도굴꾼의 약탈 등으로 해외로 빼돌려졌어요. 문화재 반환에 대한 여러분의 생각을 자유롭게 말해 보아요.

캄보디아 Cambodia

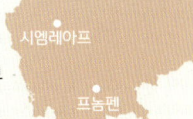

캄보디아는 태국, 라오스, 베트남과 이웃한 동남아시아의 나라예요. 국토는 우리나라보다 두 배 가까이 크지만 인구는 절반도 안 되지요. 크메르 왕국 때 동남아시아의 강자였지만 프랑스의 식민지 시기와 오랜 내전을 거치면서 나라가 어려워졌어요. 지금은 꾸준히 발전하고 있답니다.

위치 : 인도차이나반도 남서부
수도 : 프놈펜
언어 : 크메르어
통화 : 리엘(KHR)

압사라 춤
힌두교 신화 내용으로 구성된 캄보디아 크메르족의 전통 춤이에요. '압사라'는 '춤추는 여신'이라는 뜻으로, 손동작이 복잡하고 화려해요.

불교
캄보디아의 국교는 불교예요. 국민 대부분이 불교 신자지만, 종교의 자유는 보장되어 있어요. 캄보디아에서 승려는 존경의 대상이랍니다.

프놈펜 왕궁
1866년에 크메르 전통 양식으로 건축된 궁전으로 황금빛 삼각 지붕이 특징이에요. 국왕이 살고 있어서 국가 행사가 있거나 국빈이 방문했을 때만 공개돼요.

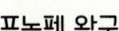

프까 룸둘
캄보디아의 국화로, 향이 굉장히 강해 특히 밤이 되면 멀리까지 퍼진다고 해요. 흰색, 노란색의 꽃이 피며 캄보디아 어디서나 볼 수 있어요.

팔미라 야자
캄보디아의 국가 나무로 500리엘짜리 화폐에서도 볼 수 있어요. 보통 '트나옷'이라고 부르지요. 목재로 집이나 가구, 생필품 등을 만들고 열매는 다양한 후식으로 만들어 먹어요.

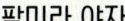

삼포트
남녀 모두 입을 수 있는 전통 의상이에요. 결혼식 같은 특별한 날이나 축제 때 입으며 화려한 색상이 특징이에요.

타지마할

위치 : 인도 아그라
건축 시기 : 1632~1653년
특징 : 1983년 유네스코 세계 문화유산

세상에서 가장 아름다운 무덤

타지마할은 무굴 제국의 제5대 황제 샤자한이 아내 뭄타즈 마할을 위해 만든 무덤이에요. 우유처럼 하얀 대리석에 보석으로 꽃 모양을 새긴 건물이 너무나 아름답지요. 오늘날 인도를 상징하는 랜드마크이자 아름다운 문화유산으로 전 세계인의 사랑을 받고 있어요.

타지마할의 이모저모

뭄타즈 마할 초상화

황제의 아내 사랑이 만든 세계 유산

샤쟈한은 뭄타즈 마할 황후가 아이를 낳다 세상을 떠나자, 아내의 무덤을 만드는 데 온 힘을 쏟았어요. 이탈리아, 프랑스, 중국의 기술자까지 불러들였고 수만 명의 인부와 1천여 마리의 코끼리도 동원했지요. 요즘 돈으로 하면 공사비만 1,000억 원 정도 들었대요. 그 결과 22년 만에 세상에서 가장 아름다운 무덤이 탄생했어요.

중앙연못에 타지마할이 비친 모습과 햇살에 따라 시시각각 변하는 건물 색깔이 환상적이에요.

완벽한 대칭과 갖가지 아름다운 장식

야무나 강변에 지어진 타지마할 유적지는 약 5만 평의 대지에 출입문, 성벽, 이슬람식 정원, 모스크(이슬람교 예배당)를 갖추고 있어요. 중심 건물인 타지마할은 높이가 65미터에 달하는 중앙 돔을 중심으로 완벽한 좌우 대칭을 이루고 있답니다. 그리고 하얀 대리석 벽에는 꽃, 풀, 기하학 문양, 이슬람교 경전(코란) 등이 새겨져 있어요. 여기에 색깔 있는 돌이나 보석을 박아 넣어서 아름답게 꾸몄지요. 내부도 갖가지 보석으로 장식했는데, 도굴꾼과 침략자들이 모두 훔쳐가 지금은 볼 수 없어요.

타지마할 외벽의 아름다운 문양

타지마할 정원으로 연결되는 출입문

모스크 | 타지마할의 서쪽 건물로, 동쪽 영빈관과 대칭을 이루어요.

미나레트 | 타지마할의 네 귀퉁이에 세운 첨탑이에요. 사람이 올라가 큰 소리로 노래하듯 예배 시간을 알려 주던 공간이지요.

한눈에 보는 타지마할
① 출입문 ② 모스크
③ 타지마할 ④ 정원
⑤ 영빈관

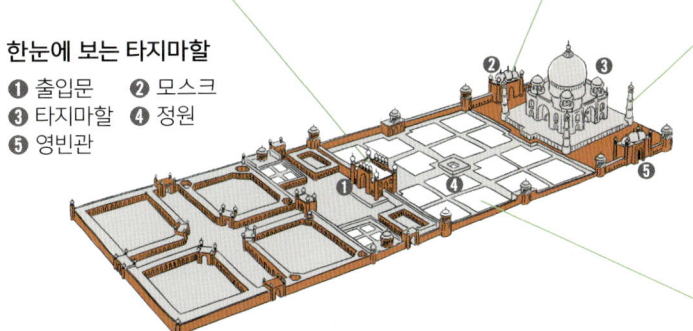

섬세한 문양이 돋보이는 타지마할 내부

타지마할 1층에 샤자한과 뭄타즈 마할의 석관이 놓여 있는데, 가짜 모형이에요. 실제 묘는 지하에 있어요.

타지마할 정원 | 정사각형 모양의 공원 4개가 아름다운 대칭을 보여 주어요. 사진은 타지마할에 서서 바라본 정원의 모습이에요.

타지마할에 깃든 역사

〈샤자한의 죽음〉, 아빈드라나트 타고르, 1902년

아그라 요새에서 바라본 타지마할

아들의 반란으로 갇힌 샤자한

타지마할을 완성하고 몇 년 뒤 샤자한은 병이 들었어요. 게다가 타지마할을 짓는 데 막대한 세금을 써 민심도 잃은 상황이었지요. 그러자 셋째 아들인 아우랑제브가 반란을 일으켜 아버지를 타지마할 근처의 아그라 요새에 가둔 뒤 스스로 황제가 되었지요. 샤자한은 8년 동안 요새에 갇힌 채 매일 타지마할을 바라보다가 숨을 거두었어요. 샤자한은 그제야 아내 곁에 묻힐 수 있었지요.

인도 역사상 가장 강력한 제국

무굴 제국은 1526년에 바부르가 인도를 침략해 세운 이슬람 왕조로, 인도 역사상 가장 크고 힘이 센 나라였어요. 특히 이슬람교와 힌두교의 화합을 위해 노력했고, 그 결과 두 종교가 융합된 '인도 이슬람 문화'가 크게 발달했지요. 타지마할에서도 인도 이슬람 문화를 찾아볼 수 있어요. 보석 장식과 연꽃 문양은 힌두 양식이고 돔 지붕, 첨탑은 이슬람 양식이랍니다.

생각의 날개

무굴 제국 통치자들은 왜 힌두교를 탄압하지 않고 화합하려고 애썼을까요? 이 정책이 인도 건축 문화에 어떤 영향을 끼쳤는지 생각해 보아요.

아그라 요새(무굴 제국의 성채)

인도 India

아시아의 서남쪽에 있는 인도는 세계에서 인구가 가장 많아요.(2023년 기준) 국토는 일곱 번째로 크고요. 땅이 넓고 인구가 많은 인도는 문화도 다양해요. 지역에 따라 달리 쓰는 언어가 1천여 개 이상이고, 지폐에 표시된 언어도 15개나 되지요. 많은 인도인들이 믿는 힌두교에는 신들이 3억 3천만이나 된다고 해요.

위치 : 남부 아시아
수도 : 뉴델리
언어 : 힌디어, 영어
통화 : 루피(INR, ₹)

힌두교
인도의 토착 신앙과 브라만교가 합쳐진 종교예요. 힌두교의 3대 신은 창조의 신 브라흐마, 질서 유지의 신 비슈누, 파괴의 신 시바예요.

발리우드 댄스
뮤지컬 형식의 인도 영화에 들어가는 춤이에요. 인도 전통 춤 카타크, 각 지방의 민속춤, 벨리 댄스, 재즈 등 다양한 춤이 섞여 있어요.

탈리
큰 접시에 여러 가지 음식을 담아 먹는 인도의 식사 또는 이때 사용되는 접시를 뜻해요.

자미 마스지드
1658년에 샤자한 황제가 지은 인도에서 가장 큰 모스크예요. 약 2만 5천 명이 들어갈 수 있을 정도로 거대한 크기를 자랑해요.

탄두리 치킨
닭을 향신료를 첨가한 요구르트에 재운 뒤 진흙 오븐(탄두르)에 넣고 구운 인도 전통 요리예요.

요가
고대 인도에서 전해져 온 수련법이에요. 자세와 호흡을 가다듬고 스트레칭을 하면서 몸과 마음을 단련해요.

성 소피아 성당

위치 : 튀르키예 이스탄불
건축 시기 : 532~537년
특징 : 현존하는 가장 오래된 비잔틴 건축물

크리스트교와 이슬람의 전통이 모두 살아 있는 공간

약 1,500년 전 동로마 제국이 크리스트교 성당으로 지었으나, 오스만 제국이 차지하면서 오랫동안 이슬람 사원으로 사용되었어요. 이때 첨탑이 세워지고 크리스트교 그림들이 석회에 가려지긴 했지만, 다행히 허물어지지 않았지요. 덕분에 크리스트교 건축 기술과 이슬람 문화를 모두 볼 수 있는 중요한 유적이 되었답니다.

성 소피아 성당의 이모저모

비잔틴 양식을 대표하는 건축물

537년에 완성된 성 소피아 성당은 에스파냐의 세비야 대성당(1507)이 지어지기 전까지 약 천 년 동안 세계에서 가장 큰 성당이었어요. 지름 약 33미터의 거대한 중앙 돔을 중심으로 크고 작은 돔과 반달 모양 아치가 멋진 조화를 이루고 있지요. 이러한 비잔틴 건축 양식은 이후 성당은 물론, 이슬람 사원을 지을 때도 많은 영향을 끼쳤어요.

성 소피아 성당이 이슬람 사원으로 바뀔 때 추가로 세워진 첨탑

소박한 외관, 화려한 내부

내부의 돔, 회랑, 천장, 벽화, 스테인드글라스, 대리석 기둥, 금빛 장식품 들이 매우 세밀하고 아름다워요. 소박한 외관과 달리 아주 화려하며, 성당과 모스크로 각각 사용된 흔적을 볼 수 있어요. 벽에 '알라', '무함마드'라고 적힌 커다란 현판이 걸려 있는데 이슬람의 신과 예언자, 초기 지도자들의 이름, 코란 경전의 내용을 크게 쓴 것이랍니다.

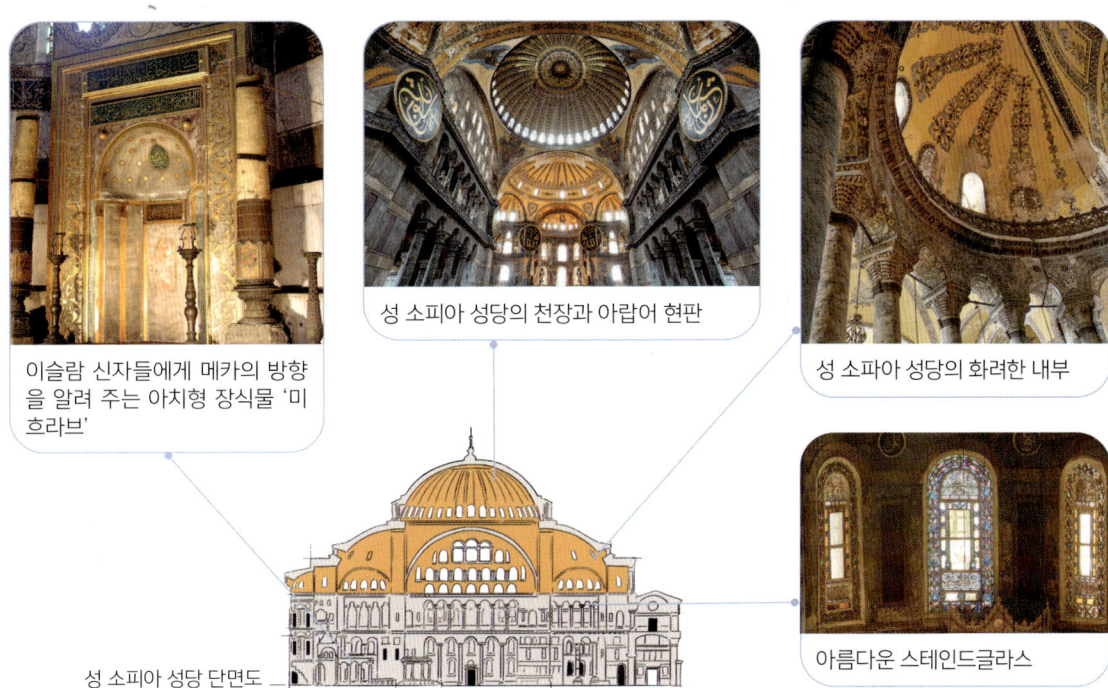

이슬람 신자들에게 메카의 방향을 알려 주는 아치형 장식물 '미흐라브'

성 소피아 성당의 천장과 아랍어 현판

성 소파아 성당의 화려한 내부

아름다운 스테인드글라스

성 소피아 성당 단면도

크리스트교를 상징하는 아름다운 모자이크화

성당 곳곳에는 예수님, 성모 마리아, 천사 들을 그린 모자이크화가 있어요. 대부분의 작품들이 무슬림들에 의해 하얀 석회로 칠해졌다가 복원되었어요.

예수를 그린 황금 모자이크화

천사 모자이크화

아기 예수를 안은 성모 마리아

성 소피아 성당에 깃든 역사

유스티니아누스 1세 초상화

〈콘스탄티노플의 함락〉, 테오필로스, 1928년

동로마 제국과 비잔틴 문화

이탈리아반도와 지중해 일대의 거대한 영토를 차지하며 세계를 호령했던 고대 로마 제국은 395년에 동로마 제국과 서로마 제국으로 분리되었어요. 서로마 제국은 476년에 무너졌지만, 콘스탄티노플(지금의 이스탄불)을 수도로 삼았던 동로마 제국은 1천 년 넘게 찬란한 문화를 이어갔지요. 이 동로마 제국의 전성기를 이끌고 성 소피아 성당을 건축한 황제가 유스티니아누스 1세예요.

이슬람 세계의 강자, 오스만 제국의 등장

오스만 제국은 1299년 오스만 튀르크족이 현재 튀르키예 땅인 아나톨리아 지역에 세운 이슬람 국가예요. 영토를 계속 넓히면서 힘을 키운 오스만 제국은 1453년에 동로마 제국(비잔틴 제국)의 수도 콘스탄티노플을 무너뜨린 뒤, 이름을 이스탄불로 바꾸고 새 수도로 삼으면서 강력한 국가로 발돋움했지요. 이후 16세기에 동유럽 일부, 이라크, 북아프리카까지 차지하며 최전성기를 이루었어요.

오스만 제국 아흐메트 1세의 명으로 1616년에 완성된 술탄 아흐메드 모스크. 세계에서 가장 아름다운 이슬람 사원으로 꼽혀요.

생각의 날개

기독교와 이슬람은 오랫동안 전쟁을 했지만, 때로는 사이좋게 지내기도 했어요. 다른 종교가 평화롭게 공존하려면 어떻게 해야 할지 생각해 보아요.

튀르키예 Turkiye

1922년 오스만 제국 시대가 끝나고 그 뒤를 이은 나라가 튀르키예랍니다. 국토가 유럽과 아시아에 걸쳐 있어서 예로부터 동서양의 문화를 교류하는 다리 역할을 했어요. 한국 전쟁 때 남한에 군대를 파견해 돕는 등 우리나라와 좋은 관계를 유지하고 있어 형제의 나라로 불려요.

위치 : 아시아의 남서쪽
수도 : 앙카라
언어 : 튀르키예어
통화 : 튀르키예 리라(TL, ₺)

케밥
얇게 썬 양고기, 쇠고기, 닭고기 등을 긴 꼬치에 꿰어서 숯불에 굽거나, 고깃점을 짧은 꼬치에 꿰어 구워 내기도 해요.

술탄 아흐메드 모스크
오스만 제국이 세운 가장 화려한 건축물로 튀르키예를 대표하는 모스크예요. 내부가 파란색, 녹색 타일로 장식되어 있어서 '블루 모스크'라고 불려요.

카파도키아 바위 유적
카파도키아 괴레메에 있는 암석 지형이에요. 버섯 또는 굴뚝처럼 생긴 수십 미터 높이의 모래 빛깔 암석들이 최고의 절경을 이루고 있어요.

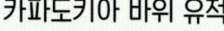

파묵칼레
온천수가 오랜 기간 바위 위를 흐르면서 온천수의 탄산칼슘 성분이 표면을 뒤덮으며 생긴 석회층이에요. 1988년 유네스코 세계 자연유산으로 지정되었어요.

이스탄불 트람바이
이스탄불의 노면 전차예요. 오스만 제국 시절부터 아시아 지구와 유럽 지구 양쪽에서 운행했어요. 처음에는 말이 끄는 마차철도였다가, 20세기 초반에 전차로 바뀌었어요.

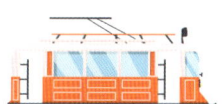

튀르키예식 커피
커피 원두를 분말로 갈아 '제스웨(cezve)'라고 부르는 특수한 커피 주전자에 설탕과 함께 넣고 끓여 먹어요.

톱카피 궁전
오스만 제국의 술탄(황제)이 살았던 궁전으로 이스탄불에 있어요. 19세기 중반까지 오스만 제국의 정치·문화 중심지였어요.

영국 국회의사당

위치 : 영국 런던
건축 시기 : 11세기(1834년 화재 후 재건축)
특징 : 네오고딕 양식의 건축물, 시계탑 빅벤

빅벤

세계 최초로 민주주의가 태어난 곳

영국 국회의사당은 세계 역사상 처음으로 국민을 대표하는 의회가 열린 곳이에요. 즉, 왕이 아니라 국민이 주인이 되는 민주주의가 탄생한 곳이라고 할 수 있지요. 거대한 시계탑인 빅벤(Big Ben)은 국회의사당의 부속 건물이자 런던을 대표하는 랜드마크랍니다.

빅토리아 타워

센트럴 타워

영국 국회의사당의 이모저모

왕의 궁전에서 국회의사당으로

영국 국회의사당은 11세기 초 '웨스트민스터 왕궁'으로 지어져 왕의 집이자 재판소로 쓰였어요. 이후 13세기부터 이곳에서 국민의 대표가 모인 의회가 열리기 시작했고, 국왕도 버킹엄 궁전으로 거처를 옮기면서 국회의사당으로 바뀌었어요. 현재도 영국의 상원과 하원이 열리는 국회의사당으로 사용 중이에요.

국회의사당 상원 회의장

국회의사당 하원 로비

하늘로 솟아오르는 듯한 네오고딕 양식

하늘을 찌를 듯이 높이 솟은 탑은 영국 국회의사당의 가장 큰 특징이에요. 이러한 건축 양식을 '네오고딕'이라고 하는데, 신에 가까워지려고 했던 중세주의가 바탕에 깔려 있지요. 이 밖에 성서의 내용을 새긴 조각, 섬세한 공예품, 스테인드글라스 등으로 화려하게 꾸며져 있어요. 그리고 빅벤은 원래 시계탑 안에 있는 종을 가리키는 이름이었어요. 이 탑을 만든 벤저민 홀의 별명에서 따왔지요. 빅벤의 공식 명칭은 '엘리자베스 타워'예요. 높이는 96미터, 시계의 지름은 7미터에 달하지요. 빅벤의 시계는 옛날부터 아주 정확한 것으로 유명해요.

빅토리아 타워와 센트럴 타워

국회의사당의 옛 궁전 마당

런던 템스 강변에서 바라본 국회의사당

영국 국회의사당은 엄청난 규모를 자랑해요. 대지 면적이 약 3만 제곱미터, 건물 정면의 총 길이는 약 265미터예요. 빅토리아 타워는 높이가 100미터에 이르지요. 국회의사당 건물 안에는 1천 여 개의 방이 있어요.

대화재도 비껴간 웨스트민스터 홀

영국 국회의사당은 1834년에 큰 불이 나 대부분 불탔으나 웨스트민스터 홀은 무사했어요. 이후 1840년부터 약 20년 동안 화재에서 살아남은 웨스트민스터 홀을 통합해 다시 지었지요. 하지만 이마저도 제2차 세계대전 때 폭격에 무너져 현재의 건물은 다시 한번 복원한 거예요.

웨스트민스터 홀

영국 국회의사당에 깃든 역사

송아지 가죽으로 만든 독피지에 기록된 1215년 대헌장

〈1645년 네이즈비 전투의 크롬웰〉, 찰스 랜드시어, 1851년

수백 년이 걸려 자리 잡은 민주주의

영국에서 처음 태어난 민주주의는 하루아침에 이루어지지 않았어요. 아주 오랜 시간 동안 꾸준히 발전했지요. 그 시작은 1215년 존 왕이 서명한 '대헌장'이었어요. 국왕이 마음대로 세금을 거둘 수 없다는 내용이 담겨 있었지요. 그런데 헨리 3세가 대헌장을 무시하고 마음대로 정치를 펴, 시몽 드 몽포르가 이에 반대하는 귀족의 지도자가 되어 헨리 3세를 굴복시켰지요. 그런 다음 1265년에 귀족·성직자·기사·시민 대표로 이루어진 의회를 만들었어요. 이것이 바로 영국 의회(하원)의 기원이지요. 하지만 그 뒤로도 영국 민주주의는 발전과 후퇴를 거듭하다 17세기 말에 자리를 잡았답니다.

국왕과 의회가 전쟁을 벌이다

국회의사당 정문을 지나면 정치가 올리버 크롬웰과 찰스 1세의 동상을 볼 수 있어요. 1625년 왕위에 오른 찰스 1세가 마음대로 나라를 다스리자 의회는 군대를 모아 국왕과 전쟁을 벌였지요. 이때 의회 군대를 이끈 사령관이 올리버 크롬웰이에요. 1645년 크롬웰이 찰스 1세의 국왕군을 크게 이겼고, 찰스 1세는 스코틀랜드로 도망쳤으나 2년 뒤 처형되었지요. 이로써 영국은 왕이 아니라 국민이 뽑은 대표자가 통치하는 공화국이 되었어요. 하지만 크롬웰이 많은 권력을 움켜쥐고 독재 정치를 펴서 국민들의 원성을 샀고, 그가 죽은 뒤에는 다시 왕이 다스리는 왕국이 되었답니다.

생각의 날개

개인이 모든 권력을 가지는 전제 정치는 어떤 문제가 있을까요? 국민의 뜻에 따라 나라를 다스리는 민주 정치와 비교해 생각해 보세요.

시몽 드 몽포르 초상화

크롬웰 동상

영국 United Kingdom

영국은 민주주의뿐 아니라 기술과 산업도 가장 먼저 발달했어요. 한때 전 세계에 많은 식민지를 거느리면서 '해가 지지 않는 나라'로 불렸지요. 지금도 프랑스, 독일 등과 함께 유럽을 대표하는 나라예요. 현재 영국 국왕은 정치에 관여하지 않는 상징적 존재지만, 여전히 국가 원수로서 국민들의 큰 지지를 받아요.

위치 : 유럽 대륙 서북쪽
수도 : 런던
언어 : 영어
통화 : 파운드 스털링(GBP, £)

타워브리지
런던의 템즈강 하류에 세워진 다리예요. 다리 아래로 배들이 지나갈 수 있도록 두 개의 도개교가 높이 들렸다가 다시 내려와 합쳐져요.

런던아이
2000년 새천년을 맞이한 기념으로 제작된, 거대한 원형 바퀴 모양의 대관람차예요.

스톤 헨지
월트셔주 솔즈베리 평원에 있는 선사 시대 유적이에요. 고대의 태양 신앙과 밀접한 관련이 있다고 추측해요.

세인트폴 대성당
런던에 있는 영국 국교회 성당이에요. 1666년 런던 대화재 때 불탔으나, 건축가 크리스토퍼 렌이 현재의 모습으로 다시 지었어요.

버킹엄 궁전
영국 왕실의 사무실이자 집이며, 국빈을 맞는 공식 장소예요. 200년 이상 전통을 지닌 근위병 교대식이 펼쳐지는 것으로 유명해요.

홍차
영국에서는 점심과 저녁 사이에 홍차를 즐기는 '애프터눈 티(afternoon tea)' 문화가 있어요. 샌드위치, 비스킷 등 간단한 간식을 곁들여 마셔요.

더블 데커(Double-decker)
빨간색 2층 버스는 영국 사람들에게 매우 중요한 교통수단이자 영국의 상징으로 통해요.

파리 개선문

위치 : 프랑스 파리
건축 시기 : 1806~1836년
특징 : 프랑스 근대 고전주의 걸작

프랑스의 상징, 혁명의 상징

개선문은 원래 고대 로마에서 전쟁에서 승리하고 돌아오는 장군을 위해 만든 거대한 문이에요. 전 세계에는 이를 본떠 만든 개선문들이 많은데, 그중 프랑스 파리의 샤를 드골 광장에 있는 개선문이 가장 유명해요. 파리 개선문은 프랑스 혁명과 나폴레옹 전쟁에서 죽은 사람들을 기리기 위해 만들어졌답니다.

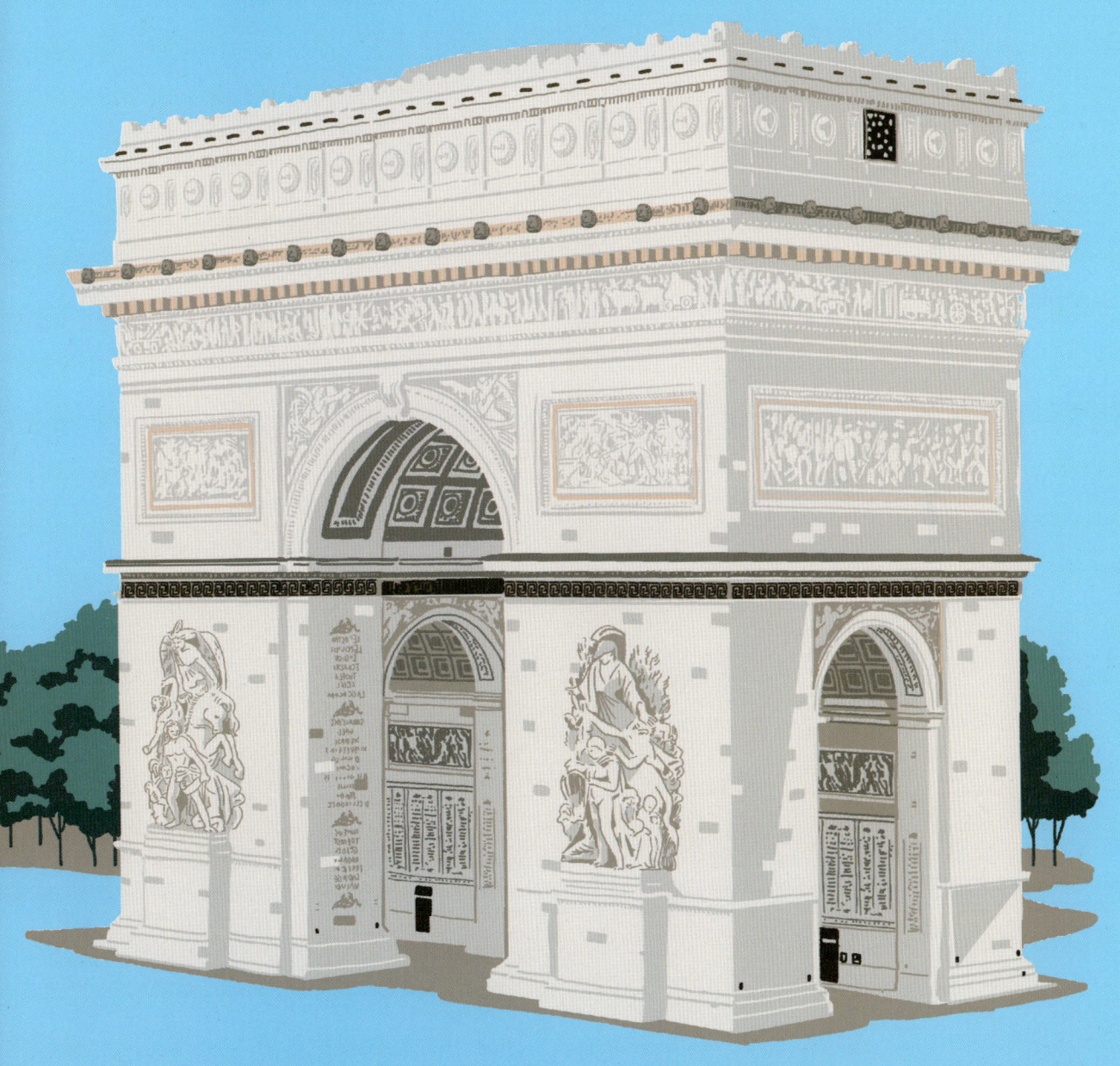

파리 개선문의 이모저모

파리를 대표하는 아름다운 도시 전경

파리 개선문은 샹젤리제 거리의 서쪽 끝, 샤를 드골 광장 한복판에 세워져 있어요. 높이 약 50미터, 폭 약 45미터에 달하는 웅장한 크기를 자랑하지요. 그리고 개선문을 중심으로 12개의 도로가 거미줄처럼 뻗어 있어요. 곧게 뻗어 있는 샹젤리제 거리에서 바라보는 흰 대리석의 개선문은 파리를 대표하는 가장 아름다운 도시 전경으로 꼽힌답니다.

개선문이 자리한 샤를 드골 광장을 위에서 내려다보면 꼭 별처럼 보여요. 그래서 샤를 드골 광장을 에투알 광장(별의 광장)이라고도 불러요.

샹젤리제 거리에서 바라본 개선문

프랑스 제국의 역사를 새긴 신고전주의 대표작

파리 개선문은 고대 로마 티투스 황제의 개선문을 본떠 만들었어요. 이렇게 고대 로마나 고대 그리스의 작품을 따라 하는 것을 '신고전주의'라고 해요. 파리 개선문은 장엄하고 우아한 신고전주의의 대표작이에요. 개선문의 기둥과 아치에는 총 10개의 부조가 새겨져 있어요. 프랑스 제1공화국의 역사에서 중요한 의미를 가지는 사건과 나폴레옹의 업적을 담고 있지요.

아부키르 전투 | 1799년 이집트 아부키르 지역에서 프랑스가 오스만 제국을 굴복시키는 장면이 세밀하게 묘사되어 있어요.

개선문 아치와 천장의 석조 장미 | 아치의 상단 부분은 그리스 로마 신화의 인물들로, 아치 하부의 천장은 21개의 석조 장미들로 장식되어 있어요.

1792년 출발 | 프랑스 제1공화국 탄생을 기념하는 조각이에요. 날개를 단 자유의 여신이 프랑스 국민들을 이끌고 있는 모습이에요.

1810년 승리 | 프랑스가 오스트리아에 승리하고 체결한 '쇤부른 조약'을 기념하는 조각이에요. 승리의 여신이 나폴레옹에게 월계관을 씌워 주고 있어요.

무명 용사의 묘와 꺼지지 않는 성화 | 개선문 바로 밑에는 제1차 세계대전에서 죽은 이름없는 용사들을 기리는 무덤이 있어요.

프랑스 승리 전투와 군인 이름 | 개선문의 내부와 외부 벽에는 당시 프랑스가 승리한 전투와 지휘관들의 이름이 새겨져 있어요.

파리 개선문에 깃든 역사

프랑스 혁명과 나폴레옹 전쟁

1789년 프랑스 시민들이 부패한 국왕을 반대하며 반란을 일으켰어요. 이들은 긴 싸움 끝에 시민이 직접 다스리는 공화국을 만들었지요. 이를 '프랑스 혁명'이라고 불러요. 하지만 공화국을 세운 뒤에도 혼란은 계속되었어요. 주변의 왕국들이 프랑스를 공격했거든요. 혹시나 프랑스 같은 혁명이 일어날까 두려웠던 거예요. 이때 프랑스군을 이끌고 주변 나라들과 전쟁을 벌인 사람이 바로 나폴레옹이에요. 이후 나폴레옹은 10여 년 동안 '나폴레옹 전쟁'을 이끌게 되지요. 파리 개선문은 프랑스군의 승리를 기념하기 위해 나폴레옹의 명령으로 세워진 거예요. 개선문은 1806년에 짓기 시작해 1836년이 되어서야 완성됐어요.

프랑스 혁명으로 만들어진 인권 선언

프랑스 혁명의 발단이 된 〈바스티유 습격〉, 장 피에르 우엘, 1789년

스스로 황제가 된 나폴레옹의 최후

나폴레옹 초상화

나폴레옹은 싸우는 전투마다 큰 승리를 거두었어요. 사람들은 열광했고, 점점 더 큰 권력을 갖게 된 나폴레옹은 마침내 스스로 황제가 되었어요. 공화국을 위해 싸우던 군인이 다시 왕국을 만든 거예요. 하지만 결국 나폴레옹은 쫓겨났고 잠시 새로운 왕들이 뒤를 이었지만 프랑스는 다시 공화국이 되었답니다. 한편 나폴레옹은 1821년에 숨을 거둬 개선문의 완성을 보지 못했어요. 자신의 영광을 위해 지은 개선문을 살아 있을 때 통과하지 못했고, 죽은 후에야 관에 실린 채 지나게 되었답니다.

생각의 날개

프랑스 혁명은 특권을 독점하던 왕족, 성직자, 귀족에게 반기를 들었던 시민 혁명이에요. 조선 시대 동학 농민 운동과 프랑스 혁명은 무엇이 같고 또 무엇이 달랐을까요?

프랑스 France

국토 면적이 유럽에서 세 번째로 큰 나라예요. 프랑스 혁명 이후에 나라가 크게 발전해 전 세계를 무대로 영국과 식민지 쟁탈전을 벌이기도 했지요. 하지만 제2차 세계대전 때는 독일 히틀러에게 점령당하는 수모를 겪었어요. 전쟁 뒤에는 다시 국력을 회복하고 유럽연합을 이끄는 주요한 나라 중 하나가 되었답니다.

위치 : 유럽 대륙 서부
수도 : 파리
언어 : 프랑스어
통화 : 유로(EUR, €)

와인(포도주)
프랑스는 세계가 인정하는 와인 생산국이에요. 와인은 프랑스 사람들이 식사 때 반드시 마시는 만큼, 프랑스 음식 문화에서 매우 중요해요.

노트르담 대성당
프랑스의 고딕 건축을 대표하는 성당이에요. 안타깝게도 2019년에 화재가 나 첨탑과 본관 지붕이 불에 타고 말았어요.

바게트
프랑스를 대표하는 막대기 모양의 기다란 빵이에요. 겉면은 바삭하고 윤기가 있으며 속은 부드러워요.

에펠탑
1889년 만국 박람회 개최 때 파리 센강 변에 건축된 철탑이에요. 건축가 에펠이 설계했으며, 높이가 324미터에 달해요.

루브르 박물관
파리에 있는 국립 미술 박물관이에요. 원래 왕궁이었던 것을 나폴레옹이 박물관으로 개장했지요. 방대하고 다양한 예술품을 소장하고 있어요.

오르세 미술관
파리의 오르세 기차역을 개조해 만든 미술관이에요. 19세기 이후 근대 미술 작품이 전시되어 있지요.

물랭 루주
1889년 파리의 몽마르트르에서 개장한 댄스홀이에요. 이후 음악당으로 바뀌었다가 지금은 영화관이 되었어요.

콜로세움

위치 : 이탈리아 로마
건축 시기 : 72~80년
특징 : 고대 로마의 뛰어난 건축 기술이 담긴 기념비적 건축물

인간과 맹수가 싸우던 원형 경기장

콜로세움은 고대 로마 제국의 중심에 세워진 거대한 원형 경기장이에요. 이곳에서 검투사들끼리, 혹은 검투사와 맹수가 목숨을 건 결투를 벌였지요. 고대 로마 제국이 멸망한 후 폐허로 버려졌지만, 지금은 해마다 수백 만 명이 찾는 관광 명소가 되었어요.

차양막 기둥

황제 좌석

아케이드

콜로세움 복원도

콜로세움의 이모저모

이탈리아와 로마를 대표하는 상징적인 건축물

정식 명칭은 '플라비우스 원형 경기장'이에요. 콜로세움의 건설을 지시한 베스파시아누스 황제의 왕조 이름인 '플라비우스'에서 따왔지요. 콜로세움은 당시 로마가 지은 원형 경기장 중 가장 컸어요. 하지만 서로마 제국이 멸망한 이후 버려지다시피 했지요. 14세기에는 로마를 덮친 대지진으로 바깥벽이 무너져 내렸고, 무너진 벽은 다른 건물의 재료로 쓰였다고 해요. 멀쩡한 부분을 훔쳐 가서 다른 건물을 짓는 데 쓴 사람도 많았다고 합니다. 이렇게 콜로세움은 지진과 약탈로 많은 부분이 훼손되었어요. 하지만 여전히 로마와 이탈리아를 상징하는 랜드마크로서 굳건히 자리를 지키고 있지요.

고대 로마의 동전 주화인 세스테스티우스와 오늘날 이탈리아에서 사용하는 5유로센트 동전 모두 콜로세움이 새겨져 있어요. 그만큼 콜로세움은 이탈리아가 중요하게 여기는 문화 유산이자 자랑이에요.

8만 명이 들어갈 수 있는 거대한 크기

경기장의 둘레는 527미터, 긴 쪽은 188미터, 짧은 쪽은 157미터예요. 총 4층으로 이루어진 경기장에 무려 8만 명이 한꺼번에 들어갈 수 있었지요. 특히 출입구를 80개나 만들어서 사고가 났을 때 사람들이 빨리 빠져나올 수 있도록 안전에도 신경 썼다고 해요. 그리고 지금 우리가 볼 수 있는 지하의 정교한 구조물은 검투사들이 자신의 경기 순서를 기다리며 대기하던 곳이에요.

다양한 각도에서 바라본 콜로세움 내부

그리스와 로마 건축의 결합

콜로세움은 그리스와 로마의 건축 양식을 결합한 것으로 유명해요. 층층이 쌓아 올린 3단 아치로 관람석을 받친 구조는 로마식이고, 건물 곳곳의 아름다운 기둥은 그리스식이에요. 특히 기둥은 각 층마다 다른 양식으로 꾸며져 있어요. 1층은 도리아 양식, 2층은 이오니아 양식, 3층은 코린트 양식이에요.

도리아 양식　이오니아 양식　코린트 양식

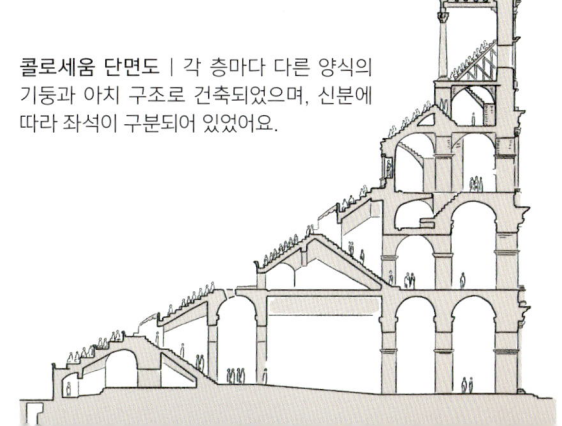

콜로세움 단면도 | 각 층마다 다른 양식의 기둥과 아치 구조로 건축되었으며, 신분에 따라 좌석이 구분되어 있었어요.

콜로세움에 깃든 역사

네로 얼굴이 새겨진 고대 로마의 동전

〈황제에 경의를 표하는 검투사들〉, 장 레옹 제롬, 1859년

네로 황제의 폭정과 비참한 몰락

콜로세움이 세워진 자리에는 원래 로마 제국 제5대 황제였던 네로의 황금 궁전이 있었어요. 네로 황제는 백성들을 쥐어짜서 호화로운 생활을 한 것으로 유명해요. 64년에 로마에 큰 불이 나 백성들의 집이 모두 불탔는데 그 자리에 화려한 궁전을 지은 것만 봐도 알 수 있지요. 게다가 화재의 원인을 신흥 종교였던 기독교에 덮어씌운 뒤 기독교도 300여 명을 잔인하게 죽였어요. 이때부터 네로 황제는 폭군으로 낙인이 찍혔고, 결국 반란이 일어났지요. 네로 황제는 마침내 스스로 목숨을 끊었답니다.

검투사들의 목숨을 건 반란

네로의 뒤를 이어 황제가 된 베시파시아누스는 황금 궁전을 없애고 그 자리에 콜로세움을 세웠어요. 그리고 로마 시민들을 위해 검투사 격투, 맹수 사냥 시합, 서커스 공연 등 다양한 행사를 열었지요. 그런데 검투사들 대다수는 노예나 전쟁 포로 출신이었어요. 그래서 원치 않는 경기를 치르다 목숨을 잃어야 했지요. 이에 노예 출신 검투사 스파르타쿠스가 다른 검투사들을 이끌고 반란을 일으켰어요. 이들은 자유를 얻기 위해 용감하게 싸웠지만, 결국 목숨을 잃고 말았답니다.

생각의 날개

베시파시아누스 황제는 왜 콜로세움을 만들었을까요? 당시 로마 황제는 절대 권력이 없었고, 원로원과 시민의 지지가 중요했던 것과 연관이 있어요.

기독교도들을 처형하는 네로. 〈네로의 횃불〉, 헨릭 시에미라츠키, 1876년

이탈리아 Italy

국토가 장화처럼 생긴 이탈리아는 고대 로마 제국 시대부터 유럽 문화의 중심지였어요. 제2차 세계대전에서 패배하면서 많은 어려움을 겪었으나 지금은 고급 자동차, 의류, 음식, 와인 같은 다양한 산업이 발달한 문화·관광 강국으로 전 세계에 많은 영향을 끼치고 있어요.

위치 : 유럽 남부, 이탈리아반도
수도 : 로마
언어 : 이탈리아어
통화 : 유로(EUR, €)

곤돌라
이탈리아 베네치아에서 운하를 다닐 때 타는 작은 배예요. 바닥이 평평하고 이물과 고물이 위로 말려 올라간 모양이 특징이에요.

판테온
그리스어로 '모든'을 뜻하는 'pan'과 '신'을 뜻하는 'theon'이 합쳐진 말이에요. 모든 신들을 위한 신전을 뜻하지요. 2세기 초 하드리아누스 황제 때 지어졌어요.

레오나르도 다빈치
이탈리아가 자랑하는 천재 화가로 〈모나리자〉, 〈최후의 만찬〉 등을 그렸어요. 해부학, 천문학, 지리학, 토목학에도 뛰어난 업적과 독창적인 발명품들을 남겼지요.

밀라노 성당
밀라노에 있는 중세 이탈리아의 대표적인 고딕 양식 성당이에요. 건물 길이는 148미터, 정면의 너비는 61.5미터에 달해요.

피사의 사탑
이탈리아의 피사 대성당에 있는 8층짜리 둥근 탑이에요. 공사 중에 땅이 내려앉아 탑이 기울기 시작하여 현재의 모습이 되었어요.

피자와 파스타
이제는 전 세계 사람들이 즐겨 먹는 이탈리아 요리예요. 특히 파스타 면은 종류가 수백 가지나 돼요.

성 베드로 대성당
로마 안에 있는 도시 국가 바티칸의 교황 직속 대성당이에요. 초기 르네상스를 대표하는 건축물로 라파엘로, 미켈란젤로 등이 설계했어요.

브란덴부르크 문

위치 : 독일 베를린
건축 시기 : 1788~1791년
특징 : 독일 통일의 상징

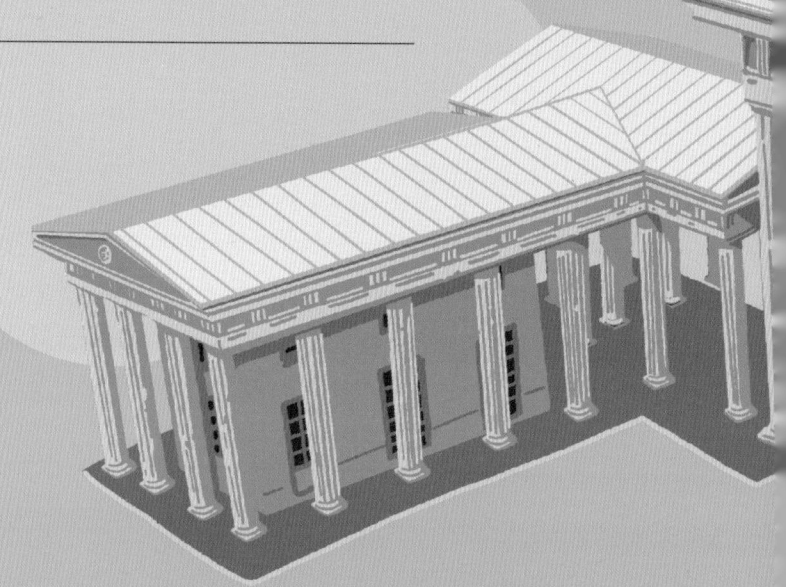

오늘의 독일을 만든 역사의 현장

파리에 개선문이 있다면 독일의 수도 베를린에는 브란덴부르크 문이 있어요. 전쟁에서 승리한 독일 군대의 개선식이 바로 이곳에서 이루어졌지요. 제2차 세계대전 이후 동서로 분단되었던 독일이 다시 통일을 이룬 상징적인 장소도 바로 이곳, 브란덴부르크 문이랍니다.

브란덴부르크 문의 이모저모

프로이센의 힘을 상징하는 개선문

브란덴부르크 문은 독일의 전신인 프로이센 왕국의 프리드리히 빌헬름 2세가 만든 개선문이에요. 당시 프로이센의 수도였던 베를린의 새 관문으로 지은 것인데, 평화를 기원하는 의미에서 '평화의 문'이라고 불렀어요. 문 위에는 평화를 상징하는 그리스 여신 에이레네와 네 마리의 말이 끄는 4두 마차 조각상도 앉혀졌지요. 그러나 실제로는 프로이센의 번영과 힘을 과시하기 위한 목적이 더 컸어요. 그래서 19세기에는 프로이센의 막강한 군사력을 상징하는 건축물로 통했답니다.

브란덴부르크 문 옆에는 관광 안내소와 '고요의 방'이 있어요. 고요의 방은 이름처럼 누구나 조용히 쉬어 갈 수 있어요.

브란덴부르크 문은 높이 26미터, 가로 65.5미터, 세로 11미터로 웅장한 크기를 자랑해요.

도리아 건축 양식의 특징인 메토프와 16개의 정사각형 부조

승리, 지혜, 평화, 용기를 상징하는 그리스 신들이 새겨진 다락방 부조

영웅 헤라클레스의 모험담을 새긴 20개의 부조

고대 그리스 건축의 영향

파리 개선문이 로마의 것을 본뜬 데 반해, 브란덴부르크 문은 고대 그리스 건축의 영향을 받았어요. 더 정확하게는 그리스 아테네의 아크로폴리스로 들어가는 관문인 프로필라이아 문을 본떠서 만들었지요. 지붕을 떠받치고 있는 도리아 양식의 기둥 12개, 지붕과 기둥 사이의 사각형 판석(메토프)과 부조 조각이 그 증거랍니다. 6개 기둥 사이에는 5개의 도로가 있는데, 가장 넓은 가운데 도로는 왕족만 사용했고 평민들은 양 끝 도로만 이용했지요. 이 규정은 제1차 세계대전이 끝나는 1918년까지 이어졌어요.

평화의 여신에서 승리의 여신으로

브란덴부르크 문의 상징이었던 평화의 여신상은 1806년 프로이센을 무너뜨린 나폴레옹에게 빼앗겨 파리로 옮겨졌어요. 그러나 8년 뒤 프로이센이 파리를 점령하면서 되찾아 왔지요. 이때부터 여신상은 평화가 아닌 승리를 상징하게 되었답니다. 여신상에 독수리, 월계관, 십자 깃발도 이때 추가되었어요.

브란덴부르크 문에 깃든 역사

빌헬름 1세 초상화

전쟁으로 폐허가 된 브란덴부르크 문

독일의 첫 통일을 이끈 빌헬름 1세

옛날부터 독일은 수십 개의 나라로 나뉘어 있었어요. 이웃한 프랑스나 영국이 하나의 나라로 발전하는 동안에도 독일은 여전히 분열되어 있었지요. 그러다 19세기에 들어서면서 수도 베를린을 중심으로 강력한 힘을 과시하던 프로이센이 독일 통일에 앞장섰지요. 프로이센은 외교적으로 많은 노력을 했을 뿐 아니라, 여러 차례 전쟁까지 벌인 끝에 1871년 마침내 독일을 통일했답니다. 이때 독일은 황제가 다스리는 '독일 제국'이었어요.

전쟁으로 스러진 독일의 랜드마크

독일 제국은 1914년 제1차 세계대전을 일으켰어요. 하지만 결국 패배했고, 황제가 쫓겨나면서 국민이 주인인 공화국이 되었지요. 그런데 독재자 히틀러가 정권을 잡으면서 또다시 제2차 세계대전을 일으켰어요. 독일은 이번에도 패전국이 됩니다. 베를린이 폭격을 당하고 브란덴부르크 문도 큰 피해를 입었지요. 3개의 말 조각상 머리도 떨어지고 말았어요. 떨어진 말 머리 조각상은 박물관에 전시되어 있답니다.

분단의 아픔과 통일의 기쁨을 품은 문

제2차 세계대전 승전국들은 독일이 다시는 전쟁을 일으키지 못하게 동독과 서독으로 갈라 놓았어요. 처음에는 브란덴부르크 문을 통해 서로 오갈 수 있었는데, 1961년 베를린 장벽이 세워지면서 통행이 완전히 금지되었어요. 하지만 1989년 동독이 무너지면서 베를린 장벽이 철거되자 브란덴부르크 문은 다시 통일의 상징이 되었답니다.

1989년 브란덴부르크 문과 베를린 장벽에 모인 시민들

생각의 날개
1990년 독일은 피 한 방울 흘리지 않은 '평화 통일'을 이루었어요. 그 배경과 통일 과정 자료를 찾아보고 한반도 통일에 대한 여러분의 생각을 말해 보아요.

독일 Germany

독일은 유럽 최고의 경제 대국이에요. 두 번이나 세계대전을 일으켰다가 패해서 분단까지 되었지만, 1990년에 통일을 이루고 다시 잘사는 나라가 되었어요. 그리고 일본과 달리 전쟁 당시 잘못한 일을 철저히 반성하고 사과했어요. 독일의 평화적 통일은 분단 국가인 우리에게 큰 교훈을 주고 있지요.

위치 : 유럽 중부
수도 : 베를린
언어 : 독일어
통화 : 유로(EUR, €)

자동차 산업
독일은 자동차 산업의 강국이에요. 유럽에서 생산되는 자동차의 약 35퍼센트가 독일의 자동차예요.

소시지
독일에서는 고기를 주로 소시지 형태로 많이 먹어요. 그래서 소시지 종류만 1,500여 가지에 달해요.

맥주
독일 사람들이 가장 즐겨 마시는 술이에요. 각 지역마다 특색 있는 맥주가 생산될 정도로 맥주 문화가 발달되어 있지요. 특히 매년 9~10월이 되면 뮌헨에서 세계적인 맥주 축제인 '옥토버페스트'가 열려요.

브레첼
매듭이 있는 하트 모양으로 만든 독일 빵이에요. 독일 사람들이 주식으로 먹을 만큼 독일 음식 문화에서 매우 중요한 의미를 가져요.

베토벤
독일 본에서 태어난 세계적인 음악가예요. 〈운명 교향곡〉, 〈영웅 교향곡〉, 〈월광 소나타〉 등 수많은 명곡을 남겼어요.

쾰른 대성당
쾰른에 있는 로마 가톨릭교회의 성당이에요. 1248년부터 600여 년 동안 고딕 양식으로 지어졌어요. 첨탑의 높이는 약 157미터로, 세계에서 세 번째로 높은 성당이에요.

독일 민속 의상
남자는 무릎까지 오는 가죽바지 '레더호젠'을 입고, 멜빵과 모자를 착용해요. 여자는 소매가 봉긋한 '디른들' 위에 원피스 치마와 앞치마를 두르지요. 주로 옥토버페스트 같은 행사 때 많이 입어요.

파르테논 신전

위치 : 그리스 아테네
건축 시기 : 기원전 447년~기원전 438년
특징 : 줄지어 선 거대한 기둥(열주)

파르테논 신전 복원도

고대 그리스 건축의 최고봉

파르테논 신전은 고대 그리스 문명을 대표하는 건축물이에요. 지금으로부터 약 2,500년 전에 전쟁의 여신 아테나를 모시는 신전으로 세워졌어요. 그 뒤 전쟁과 세월의 풍파로 많이 파괴되긴 했지만, 여전히 인류가 만든 최고의 걸작으로 꼽힙니다.

파르테논 신전의 이모저모

전쟁의 여신 아테나를 모신 신전

고대 그리스는 여러 도시국가들의 연합체였어요. 그중 아테네가 도시국가들의 리더였지요. 아테네는 전쟁의 여신 아테나를 수호신으로 섬겼는데, 아테나를 모신 신전이 바로 파르테논 신전이에요. 아테네의 황금 시대를 연 정치가인 페리클레스가 건설을 지시했으며 당대 최고의 조각가 페이디아스의 지휘 아래 완성되었지요. 신전의 장식 조각, 도리아 양식의 기둥은 그리스 예술의 백미로 평가되고 있어요.

아테네의 정치가 페리클레스 흉상

아테네 아카데미아 광장에 있는 아테나 여신상

파르테논 신전의 현재 모습

아테네 아크로폴리스의 대표 유적지

아크로폴리스는 고대 그리스의 도시국가마다 있었던 높은 지대를 말해요. 그러나 오늘날에는 아테네의 아크로폴리스를 가리키는 말로 쓰이지요. 바로 이곳에 파르테논 신전이 지어졌어요. 현재 아크로폴리스에는 신전 3개, 극장 2개, 입구에 해당하는 프로필라이아 문의 유적이 남아 있어요. 이중 에레크테이온 신전은 아테나, 포세이돈, 에레크테우스 신을 모시는 곳이에요. 파르테논 신전과 달리 기둥이 이오니아 양식이어서 매우 부드럽고 우아한 느낌을 준답니다. 또한 기둥 중 일부가 여인의 모습이라는 점이 독특해요.

한눈에 보는 아크로폴리스 복원도
❶ 파르테논 신전
❷ 에레크테이온 신전
❸ 아테나 여신상
❹ 프로필라이아 문
❺ 아테나 니케 신전
❻ 아르테미스의 성소
　(신에게 제물을 바치는 곳)

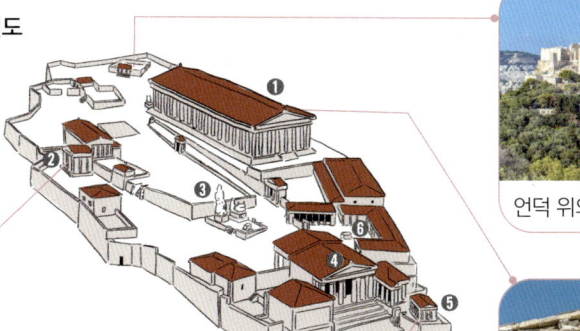
언덕 위의 아크로폴리스 전경

여인의 모습으로 조각한 에레크테이온 신전 기둥

신전의 기둥머리 위에 프리즈(건축물 외벽에 새기는 띠 모양의 장식)가 올려져 있어요. 프리즈와 지붕 사이의 삼각형 모양 판넬에도 조각을 새겨 넣었는데, 이를 '페디먼트'라고 불러요.

에레크테이온 신전 전경

아테나 니케 신전

파르테논 신전의 기둥들은 가운데를 약간 두껍게 만들었는데(엔타시스 양식), 그래야 더 안정적으로 보이기 때문이에요. 또한 착시 효과를 감안해 기둥 사이 간격이 균일하게 보이도록 간격을 다르게 조절했어요.

파르테논 신전에 깃든 역사

그리스 연합군과 페르시아 전사의 전투

〈모스크가 설치된 파르테논 신전〉, 제임스 스킨, 1838년

페르시아를 물리친 그리스 연합군

파르테논 신전은 페르시아와의 전쟁에서 승리한 것을 기념하는 건축물이에요. 당시 페르시아는 그리스 동쪽에 있던 강대국으로, 그리스보다 훨씬 넓은 땅에 인구도 많아서 군대도 매우 강했지요. 페르시아는 그리스를 차지하려고 엄청난 군대를 일으켜 세 번이나 공격했어요. 하지만 아테네와 스파르타가 중심이 된 그리스 연합군에게 패하고 말았지요. 이 전쟁으로 그리스는 전성기를 맞이했지만, 아테네와 스파르타가 전쟁을 벌이면서 쇠락의 길을 걷게 돼요.

수난 속에 뿔뿔이 흩어진 조각들

파르테논 신전은 그리스가 다른 나라의 지배를 받을 때마다 운명이 계속 바뀌었어요. 동로마 제국은 그리스를 점령하자 파르테논 신전을 기독교 교회로 만들었는데, 이때 아테나 여신상이 콘스탄티노플(이스탄불)로 옮겨졌다가 사라졌어요. 그리고 1천 년쯤 뒤에 오스만 제국이 그리스를 차지했을 때는 모스크로 바뀌었지요. 이때 수많은 조각들이 영국의 대영박물관으로 팔려 갔어요. 이렇게 전 세계로 뿔뿔이 흩어진 조각들은 대부분 아직 돌아오지 못했어요.

> **생각의 날개**
> 아테네와 스파르타는 델로스 동맹과 펠로폰네소스 동맹을 만들어 대립하게 돼요. 이에 대한 자료를 찾아보고 두 폴리스 간의 전쟁에 대해 이야기해 보아요.

대영박물관에 전시되어 있는 파르테논 신전의 조각들

그리스 Greece

그리스는 유럽 남동부 발칸반도 끝에 자리잡은 나라예요. 반도인 본토와 연안의 아름다운 섬들로 이루어져 있지요. 대한민국보다 1.3배쯤 큰 땅에 1,100만 명 가까운 인구가 살아요. 고대 그리스 문명이 태어난 곳이라 그리스 유적과 유물을 보기 위해 전 세계 사람들이 찾는 관광지로 유명해요.

위치 : 유럽 남동부
수도 : 아테네
언어 : 그리스어
통화 : 유로(EUR, €)

산토리니
그리스 본토에서 남동쪽으로 약 200킬로미터 떨어져 있는 섬이자 도시예요. 하얀 골목, 파란 예배당 등이 어우러진 아름다운 풍경으로 유명해요.

올리브
그리스의 주요 농작물인 올리브 열매로 기름을 짠 올리브유가 유명해요. 그리스 요리 대부분에 올리브유가 들어가요.

올림픽
고대 그리스의 올림피아에서는 제우스 신에게 제사를 지내는 제전 경기가 주기적으로 열렸어요. 4년마다 열리는 올림픽 경기는 여기에서 유래되었지요.

그리스 신화
고대 그리스 민족이 만들어 낸 신화는 그리스 문화의 토대예요. 유럽 및 전 세계 예술에도 지대한 영향을 끼쳤지요.

스파르타
고대 그리스의 도시국가로, 남성 시민들은 모두 군인이었으며 엄격한 군사 훈련을 한 것으로 유명해요. '스파르타 교육'이라는 말도 여기에서 유래되었어요.

소크라테스
기원전 5세기경에 활동한 고대 그리스의 대표적인 철학자예요. "너 자신을 알라."는 유명한 말을 남겼어요.

〈원반 던지는 남자〉
조각가 미론이 기원전 485년경에 만든 작품으로, 그리스 조각 예술을 대표하는 걸작으로 꼽혀요.

성 바실리 대성당

위치: 러시아 모스크바
건축 시기: 1555~1561년
특징: 형형색색의 양파 모양 돔(반구형 지붕)

러시아를 상징하는 종교 건축물

동화 속 궁전 같은 성 바실리 대성당은 대통령이 머무는 크렘린 궁과 함께 러시아를 상징하는 건축물이에요. 두 건물 모두 모스크바 중심부의 붉은 광장과 이웃해 있지요. 비잔틴 문화와 러시아 전통이 조화를 이룬 대성당은 러시아 사람들이 가장 사랑하는 곳이기도 해요.

성 바실리 대성당의 이모저모

9개 성당과 양파 모양 돔의 조화

탑 모양의 중앙 대성당을 크고 작은 8개의 성당들이 둘러싸고 있는 형태예요. 여기에 양파 모양의 화려한 돔들은 매우 독특한 분위기를 풍기지요. 각양각색의 색채와 무늬, 제멋대로 솟은 불균형이 오히려 멋진 조화를 이루어요.

외관 만큼 화려한 실내

울긋불긋한 원색의 외관만큼 실내도 화려해요. 금칠을 한 듯 번쩍이는 성화와 이슬람 양식인 꽃과 기하 문양의 벽화가 가득하지요. 중앙 예배당은 1층에서 꼭대기까지 뻥 뚫려 있어요.

대성당 내부 벽화

지하에 있는 성모화

중앙 예배당의 천장

대성당 입구

성당을 지키는 영웅

성당 앞에는 17세기 초 폴란드가 러시아를 침략했을 때 의병대를 이끌고 맞섰던 두 영웅이 세워져 있어요. 바로 민족 해방 투사로 활동했던 쿠즈마 미닌과 드미트리 포자르스키예요. 원래 붉은 광장 한가운데에 있었는데 1936년에 대성당 앞으로 옮겨졌어요.

러시아의 승리를 기념하는 대성당

1552년, 러시아의 차르(황제) 이반 4세는 오랫동안 러시아를 괴롭히던 카잔한국을 굴복시켰어요. 이를 계기로 러시아는 더욱 크고 힘센 나라가 되었지요. 이를 기념해 세운 것이 바로 성 바실리 대성당이에요. 그런데 이곳이 처음부터 성 바실리 대성당으로 불린 건 아니었어요. 성당이 완성되고 24년 후, 당시 많은 존경을 받던 수도사 바실리가 이곳에 묻히면서 이름이 바뀐 거예요.

성 바실리 대성당에 깃든 역사

이반 4세 초상화

〈이반 4세의 카잔한국 점령〉, 표트르 코로빈, 1890년

러시아 건축을 꽃피운 황제들

러시아는 15~16세기에 3명의 황제(이반 3세, 바실리 3세, 이반 4세)가 다스릴 때 강한 나라로 성장했어요. 황제들은 수도인 모스크바의 품격도 높이려고 애썼지요. 이반 3세는 크렘린 궁을 멋지게 다시 지었고, 이반 4세는 성 바실리 대성당을 세웠답니다. 러시아를 상징하는 건축물 대부분이 이때 완성된 셈이에요.

아름다운 성당에 숨은 잔인한 역사

러시아의 전성기를 이끈 이반 4세는 무서운 황제로도 유명해요. 힘 있는 귀족들을 차례로 제압하면서 많은 개혁을 추진했는데, 이 과정에서 조금이라도 반대하는 사람은 무참히 처형했어요. 또한 성 바실리 대성당을 완성한 후, 이렇게 아름다운 성당을 다시는 짓지 못하게 설계자들을 장님으로 만들었다고 해요.

생각의 날개

성 바실리 대성당은 당시 서유럽에서 유행하던 건축 양식과 확연히 달랐어요. 어떤 점이 달랐는지 특징을 찾아보고 비교해 보아요.

모스크바강에서 바라본 크렘린 궁전. 러시아의 정치, 역사, 문화의 중심지 역할을 한 상징적인 장소예요.

러시아 Russia

유럽과 아시아에 걸쳐 있는 러시아는 세계에서 국토가 가장 넓어서 기후와 자연환경이 매우 다채로워요. 슬라브족을 중심으로 무려 200여 민족들이 모여 사는 다민족 국가여서 문화도 매우 다양하지요. 러시아는 석탄·석유·천연가스 등의 매장량과 생산량이 세계 최대 수준인 에너지 강국이랍니다.

위치 : 동유럽, 북아시아
수도 : 모스크바
언어 : 러시아어
통화 : 루블(RUB, ₽)

러시아 발레
러시아는 세계가 인정하는 발레 강국이에요. 17세기 후반에 발레를 민중 오락으로 채택하고 전폭적으로 지원하면서, 발레가 크게 발전했어요.

마트료시카
나무로 만든 러시아의 전통 인형이에요. 몸체 속에 크기가 더 작은 인형 3~5개가 반복되어 들어 있어요.

겨울궁전
러시아의 마지막 여섯 황제가 살았던 장소이며, 현재 에르미타슈 미술관으로 쓰이고 있어요. 상트페테르부르크를 대표하는 바로크 양식의 궁전이에요.

보드카
러시아를 대표하는 독한 술이에요. 러시아의 추운 날씨를 견디기 위해 몸을 따뜻하게 데우려는 목적으로 많이 마셔요.

샤프카
러시아 사람들이 쓰는 털모자예요. 개털에서부터 은빛 여우털까지 다양한 털로 만들어요.

차이코프스키
〈백조의 호수〉, 〈호두까기 인형〉 등을 작곡한 러시아 음악가예요. 러시아 음악을 세계적으로 알린 '발레곡의 대가'로 불려요.

사모바르
러시아에서 찻물을 끓일 때 쓰는 금속 주전자예요. 아래에 수도꼭지가 달려 있으며 가운데 통에 달군 숯을 넣거나 장작으로 불을 피워 물을 끓여요.

사그라다 파밀리아 성당

위치 : 에스파냐(스페인) 바르셀로나
건축 시기 : 1883년에 시작(미완성)
특징 : 예수의 12사도(제자)를 의미하는 옥수수 모양의 종탑

천재 건축가가 만든 최고의 작품

에스파냐를 대표하는 천재 건축가 안토니오 가우디가 설계한 성당이에요. 옥수수를 닮은 독특한 모양의 종탑뿐 아니라, 짓기 시작한 지 140년이 넘도록 여전히 공사 중인 것으로도 유명하지요. 1984년에 미완성인 상태로 유네스코 세계 문화유산에 이름을 올렸답니다.

사그라다 파밀리아 성당 예상도

사그라다 파밀리아 성당의 이모저모

예수의 가족을 위한 성당

사그라다 파밀리아는 에스파냐어로 '성스러운 가족'을 뜻해요. 기독교에서 예수와 어머니 마리아, 아버지 요셉 등으로 이루어진 가정을 의미하지요. 성당은 크게 3개의 파사드(건축물의 주된 출입구가 있는 정면부)로 이루어져 있어요. 그리스도의 탄생을 축하하는 '탄생의 파사드'는 가우디가 직접 감독해 완성했어요. '수난의 파사드'는 1976년에 완성되었고, '영광의 파사드'는 2002년에 공사를 시작해 아직 짓고 있지요. 각 파사드마다 4개씩, 총 12개의 첨탑이 세워지며, 성모 마리아를 상징하는 높이 140미터의 첨탑도 짓고 있답니다.

탄생의 파사드

수난의 파사드에서 바라본 옥수수 모양의 종탑. 모두 100미터가 넘어요.

수난의 파사드

영광의 파사드

나무숲처럼 솟은 기둥들

성당 내부에는 나무를 닮은 기둥들이 빽빽한 숲을 이루며 천장을 떠받들고 있어요. 천장은 별을 닮은 기하학적 무늬로 가득해요. 계단도 나무처럼 휘어지거나 소라 껍데기처럼 나선형으로 굽이치는 모양이에요. 가우디가 자연에서 영감을 받아 성당을 설계했기 때문이지요.

본당의 천장과 기둥

신은 곡선을 만든다

가우디는 평소 '인간은 직선, 신은 곡선을 만든다.'고 생각했어요. 그래서인지 성당의 외관 대부분이 곡선으로 이루어져 있어요. 덕분에 사그라다 파밀리아는 뾰족한 고딕 건축과 비슷하면서도 전혀 다른 아름다움을 보여 주어요.

스테인드글라스   나선형 계단

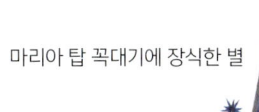

마리아 탑 꼭대기에 장식한 별

사그라다 파밀리아 성당에 깃든 역사

천재 건축가 안토니오 가우디

가우디는 바르셀로나 건축 학교를 졸업한 뒤 천재 건축가로 이름을 날렸어요. 에스파냐에서 모르는 사람이 없을 정도로 유명했지만, 1883년부터는 허름한 차림으로 혼자 살면서 사그라다 파밀리아 성당 건축에만 매진했지요. 하루는 전차에 치어서 의식을 잃었는데, 노숙자로 여긴 의사가 제대로 치료하지 않아 3일 만에 세상을 뜨고 말았어요. 하지만 그가 바르셀로나에 남긴 독창적인 건축물들은 지금도 도시 곳곳에서 살아 숨쉬고 있답니다.

안토니오 가우디(1852~1926)

가우디가 설계한 구엘 공원

구불구불한 공간을 강조한 주택, 카사 바트요

> **생각의 날개**
> 가우디는 건물을 지을 때 땅의 모양을 그대로 살리는 등 자연과 어우러지는 건축물을 추구했어요. 구엘 공원과 카사 바트요에서 가우디 건축의 특징을 찾아보아요.

에스파냐 내전으로 중단된 공사

성당 건축이 이렇게 오래 걸리는 데에는 에스파냐 내전의 영향도 있어요. 에스파냐 내전은 1936년에 민주주의 세력들이 독재자 프랑코에 맞서 벌인 전쟁이에요. 약 3년간 지속된 전쟁으로 에스파냐 전 지역이 황폐화되었고, 공사도 수십 년 동안 중단되었지요. 뿐만 아니라 적은 인원으로 꼼꼼히 작업하는 방식을 고수해 공사 기간이 더 늘어났어요. 하지만 이 덕분에 예술 작품처럼 아름다운 성당이 만들어졌지요.

〈게르니카〉를 복제한 벽화 | 피카소는 에스파냐 내전 당시 독일군이 게르니카 지역을 폭격한 것을 신문으로 접한 뒤 곧장 〈게르니카〉를 그려 전쟁의 비극을 알렸어요.

에스파냐 Espana

에스파냐는 일찍부터 아메리카 항로를 개척한 덕에 남아메리카 대부분을 식민지로 삼아 막대한 부를 쌓았지요. 예전만큼은 아니지만 지금도 유럽의 강국 중 하나예요. 아프리카, 유럽, 지중해, 대서양을 잇는 지리적 특성에다가 오랫동안 이슬람의 영향을 받아 동서양의 문화가 섞인 독특한 문화가 만들어졌어요.

위치 : 서유럽 이베리아반도
수도 : 마드리드
언어 : 에스파냐어
통화 : 유로(EUR, €)

플라멩코
남부의 안달루시아 지방에서 유래한 에스파냐의 전통 예술이에요. 춤, 기타 연주, 노래 3가지 요소로 이루어져 있지요.

하몽
돼지 뒷다리를 소금에 절여 건조시킨 에스파냐의 생햄이에요. 익히지 않고 서늘한 그늘에서 오랜 시간 말려야 제대로 된 맛이 난다고 해요.

파에야
프라이팬에 고기, 해산물, 채소 등을 볶다가 물과 쌀을 넣어 끓이는 에스파냐 전통 요리예요.

알람브라 궁전
에스파냐 그라나다에서 번성했던 무어 왕조의 유적지예요. 모스크, 궁전, 요새로 이루어진 복합 건축물로, 이슬람 건축의 특징을 잘 보여 주지요.

피카소
피카소는 20세기 미술사에 큰 획을 그은 에스파냐의 화가예요. 대표작으로 〈게르니카〉, 〈아비뇽의 아가씨들〉 등이 있어요.

《돈키호테》
에스파냐 출신의 세계적인 작가 세르반테스가 쓴 풍자 소설이에요. 17세기 에스파냐의 라만차 마을에 살던 기사 돈키호테의 모험담이랍니다.

투우
사람이 소를 상대로 싸우는 투기 경기예요. 에스파냐의 고유한 전통 문화 축제지만, 잔인한 동물 학대라는 의견도 꽤 많아요.

자유의 여신상

위치 : 미국 뉴욕
건축 시기 : 1886년
특징 : 300여 개의 조각으로 이루어진 조립식 구조물

자유와 희망의 상징

미국 뉴욕시 앞바다의 리버티섬에 세워진 거대한 여신상이에요. 미국 독립 100주년을 기념해 프랑스가 선물했는데, 오늘날 자유와 민주주의를 상징하는 미국의 대표적인 랜드마크가 되었지요. 웅장하면서도 아름다운 여신상은 '아메리칸 드림(미국에서의 성공)'을 꿈꾸는 이민자들에게 희망의 상징이기도 하답니다.

자유의 여신상의 이모저모

미국 독립 100주년을 기념하는 프랑스의 선물

자유의 여신상은 미국 독립 100주년을 축하하기 위해 프랑스가 보낸 선물이에요. 1865년에 프랑스 역사학자 라불라예가 남북 전쟁이 끝난 후 '자유의 여신상' 건립을 제의했지요. 이후 조각가 바르톨디와 건축가 에펠이 자유의 여신상 제작을 맡게 되었어요. 93.5미터에 달하는 여신상은 내부에 뼈대를 세운 후 300여 개의 구리 판을 붙인 거예요. 이것을 다시 분리해 미국으로 운반한 후 거기서 조립해 세웠답니다. 자유의 여신상은 프랑스 정부 예산이 아니라 미국 국민들의 성금으로 만들어졌어요.

파리에서 제작 중인 자유의 여신상

자유, 민주주의, 인권을 상징하는 다양한 장식들

왕관에 달린 7개의 뿔은 전 세계 7개의 대륙을 의미해요. 오른손에 높이 치켜든 횃불은 자유를 상징하며, 왼팔로 감싸 안은 책은 미국의 독립일이 새겨진 독립선언서랍니다. 자유의 여신상은 처음에는 노란색이었지만 구리가 녹이 슬면서 녹색으로 변했어요. 횃불의 금색은 나중에 도금한 거예요.

1986년에 교체되어 박물관에 전시 중인 횃불 원형

자유의 여신상 머리

자유의 여신상 머리로 올라가는 계단

자유의 여신상이 든 독립선언서

발끝에서 머리까지 3시간

자유의 여신상은 발끝에서 머리끝까지 계단으로 연결되어 있어요. 왕관 부분의 전망대까지 도보로 3시간쯤 걸려요.

자유의 여신상이 세워진 별 모양 받침대

자유의 여신상에 깃든 역사

미국의 독립 전쟁

원래 미국은 영국의 식민지였어요. 처음에는 두 나라 사이가 좋았어요. 미국인들 대부분이 영국이나 유럽 국가에서 살던 사람들이었거든요. 그런데 경제가 어려워진 영국이 식민지 미국에 세금을 많이 올리자 미국인들이 반발하기 시작했어요. 결국 독립 전쟁(1775~1783년)이 벌어지게 되었지요. 처음에는 미국이 불리했지만 훗날 미국의 초대 대통령이 되는 조지 워싱턴 총사령관이 연이어 승리했고, 프랑스와 에스파냐까지 미국 편에 서면서 1783년에 마침내 독립을 이루었어요. 왕이 아니라 국민이 뽑은 대통령이 통치하는 민주주의 국가로 말이지요.

1776년 8월 영국군과 미국군이 뉴욕의 브루클린에서 벌인 〈롱아일랜드 전투〉

조지 워싱턴 초상화

독일의 블랙톰섬 폭발 테러

1916년 7월 30일, 미국 뉴욕항에 있는 블랙톰섬에서 대규모 폭발 사건이 일어났어요. 제1차 세계대전을 일으킨 독일이 전쟁 물자를 싣고 적국인 영국으로 가는 배를 폭파한 것이지요. 이때 블랙톰섬 건너편에 있던 자유의 여신상도 큰 피해를 입었어요. 그 결과 원래는 횃불까지 이어지던 길이 폐쇄되었답니다.

블랙톰섬 폭발 직후 리하이밸리 부두의 모습

생각의 날개
자유의 여신상 발 아래에는 끊어진 쇠사슬이 조각되어 있어요. 쇠사슬이 무엇을 뜻하는지 알아보고 자유의 의미에 대해 이야기해 보아요.

미국 United States of America

유럽을 비롯한 전 세계에서 온 이민자들이 세운 나라예요. 영국의 식민지에서 독립한 후 세계 최초로 대통령제를 실시한 민주주의 국가가 되었지요. 두 번의 세계대전을 거치면서 가장 힘세고 잘사는 나라가 되었어요. 우리나라보다 100배쯤 넓은 국토에 천연자원이 풍부하며 다양한 산업이 골고루 발전했어요.

위치 : 북아메리카
수도 : 워싱턴 D.C.
언어 : 영어
통화 : 미국 달러(USD, $)

그랜드캐니언
남서부 애리조나주에 있는 거대한 협곡이에요. 웅장한 절벽과 다양한 색깔의 암석이 무척 아름다워요.

러시모어산
러시모어산은 미국 대통령 4명(조지 워싱턴, 토머스 제퍼슨, 시어도어 루스벨트, 에이브러햄 링컨)의 얼굴 석상으로 유명해요. 석상의 높이가 무려 18미터에 달해요.

국회의사당
미국 연방 의회를 상징하는 건물로, 워싱턴 캐피털힐에 있어요. 우뚝 솟은 돔이 매우 웅장하고, 돔 꼭대기에 자유의 여신상이 세워져 있어요.

미식축구
럭비와 축구를 혼합하여 미국에서 독자적으로 만든 스포츠예요. 상대편 엔드 존에 공을 가지고 들어가거나 킥으로 크로스바를 넘겨서 득점해요.

백악관
미국 대통령의 관저와 집무실이에요. '백악관(White House)'이라는 이름은 1815년에 개장할 당시 건물의 외벽을 하얗게 칠한 데서 유래했어요.

할리우드
로스앤젤레스의 서북쪽에 있는 미국 영화 산업의 중심지예요. 디즈니, 유니버설 같은 유명 영화사들이 많이 모여 있어요.

햄버거
고기 패티와 각종 채소를 빵 사이에 끼워 먹는 샌드위치의 일종이에요. 미국을 대표하는 음식으로, 전 세계인이 즐기는 패스트푸드지요.

치첸이트사

위치 : 멕시코 유카탄반도
건축 시기 : 900~1000년(추정)
특징 : 마야 문명 유적지 중 최대 규모

찬란한 마야 문명의 대도시 유적

치첸이트사는 멕시코 유카탄반도에서 10~13세기에 번성한 마야 신제국의 도시예요. 이곳에는 쿠쿨 칸(깃털 달린 뱀신)을 모시는 신전 '엘 카스티요', 나선형 천문 관측소 '엘 카라콜', 전사의 신전 등이 남아 있어요. 치첸이트사는 유네스코 세계 문화유산이자 중앙아메리카 건축의 걸작으로 꼽혀요.

치첸이트사의 신전 엘 카스티요

치첸이트사의 이모저모

신전으로 쓰인 거대한 피라미드, 엘 카스티요

치첸이트사의 중심 건물인 엘 카스티요는 30미터 높이의 9층 피라미드 위에 6미터짜리 신전을 세운 거예요. 멕시코를 비롯한 중앙아메리카 일대에는 이런 피라미드가 많아요. 이집트 피라미드가 왕의 무덤이라면, 중앙아메리카의 피라미드는 대부분 신전이랍니다. 엘 카스티요는 한 면당 계단이 91개예요. 사면의 계단을 모두 더하면 364개, 여기에 정상의 계단까지 더하면 정확히 365개가 되지요.

북쪽 면 계단 아래에는 깃털 달린 뱀의 머리 조각이 있어요. 밤과 낮의 길이가 같아지는 춘분과 추분이 되면 건물 그림자가 뱀의 일부만 가리면서, 마치 거대한 뱀이 피라미드를 타고 내려오는 모습처럼 보여요.

엘 카스티요 안에는 등을 대고 누워 있는 신의 조각상 '차크물(오른쪽)'과 왕이나 제사장이 앉는 재규어 모양의 옥좌(왼쪽)가 있어요.

엘 카스티요는 에스파냐어로 '성'을 뜻하는데, 처음 이곳을 발견한 에스파냐 병사들이 마치 성처럼 생겼다고 붙인 이름이에요.

톨텍과 마야 문명이 섞인 독특한 건축물

치첸이트사는 약 5제곱킬로미터의 대지에 석조 신전들과 폐허들이 자리잡고 있어요. 규모가 거대할 뿐만 아니라, 톨텍 문명과 마야 문명이 결합하여 만들어진 유일한 유적지라고 해요. 치첸이트사는 13세기 중반에 쇠퇴했는데, 그 이유는 아직까지 밝혀지지 않았어요.

촘판틀리 | 해골들이 새겨져 있는 장식 벽이에요. 이곳에서 공놀이 경기에서 진 선수나 전쟁 포로의 목을 잘랐다고 해요. 살아 있는 사람을 제물로 바쳤던 톨텍 문화와 지배층의 막강한 힘을 동시에 엿볼 수 있지요.

구기장 | 8미터 높이의 돌로 된 골문에 공을 넣는 경기를 했어요.

엘 카라콜 | 마야 문명의 상징인 천문대 건물이에요. 마야인들은 이곳에서 태양과 달을 관찰하고 기록해 농사 시기를 예측했어요.

라스 몬자스 | 에스파냐어로 수녀원을 뜻하는데 실은 왕궁이에요.

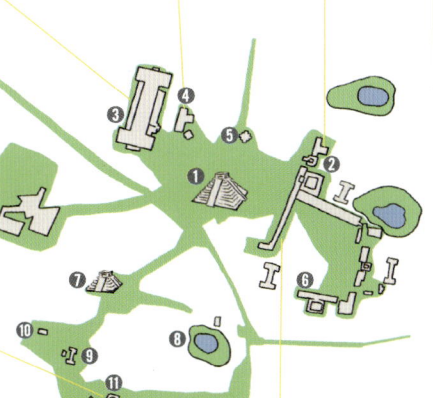

전사의 신전 | 원래는 쿠쿨 칸에게 바친 신전이었으나 나중에는 전쟁의 승리를 기념하는 신전으로 바뀌었어요. 신전의 남쪽과 동쪽을 에워싸고 있는 수많은 기둥에는 톨텍 전사 조각이 새겨져 있어요.

전사의 신전을 에워싼 기둥들

한눈에 보는 치첸이트사
1. 엘 카스티요
2. 전사의 신전
3. 구기장
4. 촘판틀리
5. 금성의 제단
6. 엘 메카도
7. 엘 오사리오
8. 세노테 우물
9. 카사 콜로라다
10. 사슴의 집
11. 엘 카라콜
12. 라스 몬자스
13. 아캅 디집

치첸이트사에 깃든 역사

중앙아메리카의 대표 문명, 마야

멕시코를 포함한 중앙아메리카에는 옛날부터 여러 문명이 있었어요. 그중 멕시코 유카탄반도와 과테말라, 엘살바도르 등지에 퍼졌던 마야 문명은 기원전 2000년부터 17세기까지 크게 번영했어요. 마야인들은 세계 최초로 0의 개념을 이해하고 사용했으며, 1년을 365.2420일로 추정했지요. 뛰어난 천문학, 수학 지식을 바탕으로 정확한 달력과 거대한 건축물, 수준 높은 예술 작품도 만들었어요. 또한 고유한 상형 문자를 수많은 유적과 유물에 남겼지요. 마야 문명권의 많은 도시 국가들은 서로 교류하고, 때로는 전쟁도 벌이면서 찬란한 문명을 일구었답니다.

마야의 상형 문자

에스파냐의 아메리카 침략

1492년 콜럼버스가 처음 아메리카 대륙을 발견한 후, 그를 후원했던 에스파냐는 군대를 보내 원주민을 굴복시키고 식민지를 만들었어요. 이 과정에서 많은 원주민이 죽고 여러 문명이 파괴되었지요. 잦은 전쟁으로 이전부터 어려움을 겪던 마야 문명도 에스파냐의 공격으로 결국 스러지고 말았어요.

생각의 날개

에스파냐를 비롯한 유럽 국가들이 식민지 경영에 적극 나선 이유를 알아보고, 그로 인해 아메리카 원주민들이 겪은 고통에 대해 생각해 보아요.

크리스토퍼 콜럼버스

〈콜럼버스의 아메리카 상륙〉, 디오스코로 푸에블라, 1862년

멕시코 Mexico

멕시코는 톨텍, 마야, 아스테카 등 인디오 문명이 번영했던 곳이에요. 그러나 16세기에 에스파냐의 식민지가 되었다가 약 300년 만에 독립을 이루었지요. 우리나라보다 20배 가까이 큰 영토에 약 1억 3천만 명의 인구가 살고 있어요. 자연환경이 다양하고, 원주민 문화와 에스파냐 문화가 다채롭게 공존하고 있답니다.

위치 : 북아메리카 남서부
수도 : 멕시코시티
언어 : 에스파냐어
통화 : 멕시코 페소(MXN, Mex$)

솜브레로
중앙이 높고 챙이 넓은 모자예요. 전통적인 색깔은 검정색이지만, 현재는 색깔과 디자인이 매우 다양해요.

타코
멕시코의 대표 음식으로 옥수수 또띠야를 U자 모양으로 만들어 튀긴 뒤 그 안에 고기, 콩, 양상추, 치즈 등을 넣어서 먹어요.

마리아치
멕시코 전통 음악이자 기악 합주단을 가리키는 말이에요. 마리아치 악단은 주름 장식 셔츠, 짧은 재킷, 솜브레로 차림으로 다양한 악기를 연주해요.

아스테카 문명
멕시코 역사상 최강국이자 최후의 원주민 국가예요. 아스테카 문화를 기반으로 멕시코 문화가 발전했어요.

죽은 자들의 날
매년 10월 말~11월 초에 죽은 가족을 기리며 그들의 명복을 비는 축제예요. 조상을 위한 제사를 중시했던 아스테카인들의 전통에서 유래했어요.

프리다 칼로
멕시코를 대표하는 초현실주의 화가예요. 소아마비, 교통사고로 많은 고통을 받았지만, 이를 멕시코 전통 화풍에 담아 멋진 작품으로 남겼어요.

테킬라
멕시코 전통 술이에요. '용설란'이라는 뿌리 식물의 수액을 받은 뒤 하루 정도 두면 자연 발효되어 테킬라가 되지요.

옥수수
까마득한 옛날부터 멕시코인들의 주식이었으며, 신화에도 자주 등장해요. 마야 신화에 따르면 신이 옥수수 가루를 사용할 때 가장 완전한 인간이 만들어진대요.

모아이 석상

위치 : 칠레 이스터섬
건축 시기 : 13~16세기(추정)
특징 : 사람의 얼굴을 닮은 거대한 돌조각

여전히 수수께끼로 남아 있는 거대 석상

모아이 석상은 칠레 본토로부터 약 3,510킬로미터 떨어진 이스터섬에 있어요. 제주도의 돌하르방을 닮았지만 그보다 훨씬 크지요. 큰 것은 높이 20미터에 무게가 90톤쯤 나가는 것도 있어요. 이스터섬 전체에 이런 석상이 1천 개 가까이 있는데, 어떻게 이렇게 큰 조각을 만들고 세웠는지 지금까지도 정확히 밝혀지지 않았어요.

모아이 석상의 이모저모

1,000여 개에 달하는 미스터리한 조각상

이스터섬이 전 세계적으로 유명한 이유는 바로 모아이 석상 때문이에요. 한때 외계인이나 초자연적인 존재가 만들었다는 주장이 있었지만, 모아이는 이스터섬의 원주민인 라파누이족이 세운 거예요. 모아이는 원주민 말로 '석상'을 뜻하며, 13세기에 가장 많이 만들어졌지요. 정확한 기록은 없지만, 학자들은 모아이 석상을 라파누이족이 믿었던 조상신이라고 추측해요. 석상 대부분이 해안가에 세워져 있으며 바다를 등진 채 섬 안쪽을 바라보고 있어요. 이처럼 해안가에 기단을 쌓고 모아이를 일렬로 배열한 유적을 '아후(Ahu)'라고 해요.

석상들은 대개 땅속에 더 큰 몸체가 묻혀 있어요. 그래야 석상을 똑바로 세우기 쉽고, 거센 바람에도 넘어지지 않지요.

아후 통가리키 | 이스터섬에서 가장 유명한 관광지예요. 총 15개의 석상 중 하나가 약 90톤으로 이스터섬에서 가장 무거워요.

다양한 종류의 모아이

모아이 석상은 원래 붉은 화산암을 깎아 만든 모자(푸카오)를 쓰고 있었는데, 지금은 대부분 부서지고 없어요. 산호로 만든 눈동자도 사라졌지요. 모아이의 특징은 과하게 큰 머리, 넓고 긴 코, 큰 턱, 직사각형 모양의 귀, 움푹 팬 눈매예요. 그리고 쪼그려 앉은 듯한 자세로 다리가 없지요.

아후 아키비 | 이스터섬에서 유일하게 바다를 바라보는 모아이예요.

투쿠투리 | 가장 오래된 모아이로, 유일하게 허리 아래가 조각되어 있어요.

호아 하카나나이아 | 대영박물관에 전시 중인 모아이예요.

푸카오를 쓴 모아이

라노 라라쿠 채석장에 있는 모아이

모아이 석상 운반법

학자들은 모아이 석상을 통나무 위에 눕힌 뒤 굴려서 옮겼다고 생각했어요. 그런데 2012년 3개의 밧줄만으로 모아이를 옮길 수 있다는 주장이 나왔어요. 실제로 실험한 결과, 약 4.4톤의 석상을 옮기는 데 성공했지요. 하지만 원주민들이 석상을 어떻게 운반했는지는 여전히 수수께끼로 남아 있어요.

모아이 석상에 깃든 역사

라파누이에서 이스터로 바뀌다

원주민들의 전설에 따르면, 폴리네시아 히바섬의 호투 마투아 족장이 부족을 이끌고 맨처음 이스터섬에 왔다고 해요. 학자들은 이들이 항해술이 매우 뛰어났던 폴리네시아인이라고 생각하지요. 원주민들은 이스터섬을 큰 땅이라는 뜻으로 '라파누이(Rapa Nui)'라고 불렀어요. 그러나 1722년 유럽인들이 이곳에 발을 디디면서 이스터섬으로 바뀌었어요. 섬을 발견한 날이 때마침 부활절이어서 부활절을 뜻하는 영어 '이스터(Easter)'가 섬 이름이 되었답니다.

1772년 에스파냐 탐험대가 그린 이스터섬의 지도. 마드리드 해군 박물관 소장

급격히 몰락한 이스터섬의 비극

라파누이 문화를 엿볼 수 있는 조각상. 〈모아이 카바카바〉, 1830년경

지금까지 사람들은 원주민들이 모아이 석상을 만들면서 나무를 함부로 베었기 때문에 숲이 사라졌다고 생각했어요. 숲이 사라지자 먹을 것도 없어져서 전쟁이 벌어지고 원주민의 수도 급격히 줄어들었다는 것이지요. 하지만 최근의 연구 결과들은 달라요. 이스터섬에 나무가 사라지기 시작한 것은 모아이 석상을 만들기 이전부터였고, 숲이 사라진 이후에도 낚시나 농사를 통해 충분히 먹고살았다는 거예요. 오히려 유럽인들이 원주민을 노예로 잡아가고 결핵 같은 질병을 옮기자 원주민들이 타히티섬으로 이주하면서 수가 줄어들었다고 합니다.

생각의 날개

이스터섬의 자연환경 파괴와 원주민 수의 감소에 대해서는 아직도 학자들마다 의견이 분분해요. 여러분은 어떻게 생각하는지 자유롭게 이야기해 보아요.

칠레 Chile

칠레는 막대기처럼 길쭉한 모양의 나라예요. 동서 길이는 200킬로미터가 안 되는데, 남북은 4,000킬로미터가 훌쩍 넘어요. 칠레는 남미에서 경제 규모가 가장 크고 잘사는 나라예요. 이스터섬은 1888년에 칠레 영토가 되었는데, 육지와 차별이 심해서 독립을 요구하는 원주민들도 많아요.

위치 : 남아메리카 남서부
수도 : 산티아고
언어 : 에스파냐어
통화 : 페소(CLP, Ch$)

산티아고 대성당
에스파냐 침략자 발디비아가 산티아고라는 도시를 만들 때 지은 대성당이에요. 1558년에 완공되었으나 화재와 지진으로 많은 피해를 입었고 지금도 계속 보수하고 있어요.

모네다 궁전
805년에 지어진 신고전주의 양식의 궁전이에요. 현재 이 건물에 대통령 집무실이 있답니다.

아타카마 사막
칠레 북서부에 있는 아타카마 사막은 지구에서 가장 건조한 곳이에요. 연 강수량은 약 1.5센티미터로 매우 적어요.

쿠에카
남녀가 서로에게 손수건을 흔들며 사랑을 속삭이는 칠레의 전통 춤이에요.

마젤란펭귄
칠레의 마젤란 해협에 서식해요. 머리와 가슴 사이에 있는 2개의 검은 띠가 특징이에요.

카주엘라
칠레와 페루 등 남아메리카 지역에서 즐겨 먹는 음식이에요. 닭고기, 당근, 감자, 옥수수 등을 큼직큼직하게 썰어 넣고 푹 끓인 탕 요리랍니다.

아콩카과산
높이 6,962미터로 아메리카에서 가장 높은 산이에요. 칠레와 아르헨티나 국경 부근에 있으며, 산꼭대기에 만년설과 빙하가 덮여 있어요.

구원의 예수상

위치 : 브라질 리우데자네이루
건축 시기 : 1922~1931년
특징 : 세계에서 가장 큰 예수상
정식 명칭 : 코르코바도 구원의 예수상

브라질 독립 100주년 기념 건축물

아름다운 항구 도시 리우데자네이루의 코르코바도산 정상에 서 있는 예수상이에요. 30미터 높이의 거대한 예수상은 1931년에 브라질이 포르투갈로부터 독립한 지 100주년이 되는 것을 기념해 만들었어요. 오늘날 브라질을 상징하는 랜드마크이자 대표 문화유산이 되었지요.

구원의 예수상의 이모저모

코르코바도산 정상에서 바라본 리우데자네이루 전경

철근과 콘크리트, 동석판으로 완성한 작품

구원의 예수상은 코르도바산 정상에 우뚝 서 있어 더욱 거대해 보여요. 철근과 콘크리트로 몸체를 만들고, 조각용으로 널리 쓰이는 하얀색 동석판을 표면에 붙여 완성했어요. 그래서 무게가 1,145톤이나 돼요. 기단 내부에는 150명을 수용할 수 있는 예배당이 있답니다. 구원의 예수상은 1931년에 완공된 이후 70년 동안 훼손되었던 것을 2000년에 보수했어요.

코르코바도산에 예수상을 짓기 전과 후의 모습

팔길이 28미터
높이 30미터
무게 1,145톤
받침대 높이 8미터

도시와 바다가 한눈에 보이는 전망

구원의 예수상은 아마존 열대 우림, 리우 카니발과 함께 브라질 하면 떠오르는 대표적인 상징물이에요. 또한 리우데자네이루에서 가장 흥미롭고 아름다운 곳으로 꼽혀요. 예수상 앞에 서면 리우 시내와 코파카바나 해변, 대서양의 푸른 바다까지 한눈에 담을 수 있지요. 그런데 예수상 앞쪽은 총을 든 경비원이 지키는 부자 동네, 뒤쪽은 가난한 동네예요. 그래서 '예수상은 뒤를 돌아보지 않는다.'는 말까지 생겨났어요.

예수가 두 팔을 넓게 벌린 자세는 모든 사람들을 반긴다는 뜻으로 평화를 상징해요.

구원의 예수상에 깃든 역사

포르투갈 원정대 총사령관 카브랄

페드루 1세 초상화

포르투갈 왕자가 이끈 브라질 독립

구원의 예수상은 브라질 독립 100주년을 기념하는 건축물이에요. 브라질은 1500년에 포르투갈 원정대 총사령관인 카브랄이 발견하여 포르투갈의 식민지가 되었다가 1822년에 독립했지요. 그런데 브라질의 독립 과정은 다른 식민지보다 독특해요. 당시 브라질을 다스리던 포르투갈 왕국의 주앙 6세는 나폴레옹이 포르투갈 본토를 점령하자 수도를 리우데자네이루로 옮겼어요. 그런 다음 브라질을 식민지가 아니라 포르투갈과 동등한 나라로 만들었지요. 이후 나폴레옹이 물러나고 주앙 6세가 본국으로 돌아가면서, 아들인 페드루 왕자가 브라질을 다스리게 되었어요. 그런데 포르투갈이 브라질을 다시 식민지로 만들려고 하자, 페드루 왕자(훗날 페드루 1세)가 독립을 선포하고 스스로 황제가 되었어요. 즉, 포르투갈 왕자가 브라질의 독립을 이끈 셈이지요.

교황이 그은 선으로 브라질을 차지하다

포르투갈과 에스파냐는 아메리카 대륙에서 식민지를 더 많이 차지하려고 자주 충돌했어요. 두 나라의 갈등이 점점 심해지자 교황이 나서서 식민지의 경계를 정해 주었지요. 이는 두 나라가 교황의 말을 잘 따르는 기독교 국가여서 가능한 일이었어요. 교황이 나눈 경계에 따라 포르투갈은 브라질을 차지했고, 나머지는 에스파냐의 식민지가 되었답니다.

페드루 1세의 무덤이 있는 브라질 독립기념비

> **생각의 날개**
> 만약 나폴레옹이 포르투갈을 침략하지 않았다면 브라질의 역사는 어떻게 되었을까요? '이베리아반도 전쟁' 관련 자료를 찾아 읽은 뒤 상상해 보아요.

브라질 Brazil

브라질은 남아메리카에서 국토가 가장 넓은 나라예요. 우리나라보다 85배나 큰 땅에 2억 명이 넘는 인구가 살고 있지요. '지구의 허파'라고 불리는 아마존 열대 우림도 브라질에 있어요. 브라질은 월드컵에서 가장 많이 우승한 나라로 축구 강국이에요. 또한 열정적인 삼바 축제 '리우 카니발'로 유명하지요.

위치 : 남아메리카 중앙
수도 : 브라질리아
언어 : 포르투갈어
통화 : 헤알(BRL, R$)

토코투칸
중남미에서만 서식하는 큰부리새과 가운데 가장 커요. 몸은 주로 검고, 목과 가슴은 흰색이에요. 커다란 주황색 부리가 몸의 3분의 1을 차지해요.

리우 카니발
카니발은 원래 가톨릭의 전통 명절로, 금식을 해야 하는 사순절 전에 사흘 동안 고기를 먹으며 즐겁게 노는 행사예요. 포르투갈에서 브라질로 전래되었고, 오늘날 세계 최대 규모의 화려한 퍼레이드 축제로 바뀌었어요.

본핌 성당
18세기에 지어진 브라질에서 가장 유명한 성당이에요. 브라질 화가 프랑코 벨라스코가 2년 동안 그린 천장화 덕분이지요.

상파울루
남아메리카에서 가장 크고 인구가 많은 세계적인 도시예요. 수도는 아니지만, 각종 상공업이 발달한 브라질 경제의 중심지랍니다.

축구
브라질에서 축구는 종교 다음가는 중요한 일로 국민들이 가장 사랑하는 스포츠예요. 브라질 사람들은 뛰어난 축구 실력에 큰 자부심을 가지고 있지요.

이구아수 폭포
브라질과 아르헨티나의 국경에 있는 폭포예요. 약 3킬로미터의 길이에 수백 개의 거대한 폭포가 이어지지요. 폭포 주변과 인근 밀림을 국립공원으로 지정하여 보호하고 있어요.

아마존
세계에서 가장 넓고, 다양한 생물이 사는 열대 우림이에요. 우리나라 국토의 약 70배에 달하지요. 수많은 동식물들이 어우러져 살아가는 소중한 생태계랍니다.

마추픽추

위치 : 페루 쿠스코
건축 시기 : 15세기 후반(추정)
특징 : 해발 2,430미터 산 위에 건설된
 고대 도시 유적

수백 년 동안 잊혀진 신비한 공중 도시

마추픽추는 잉카 제국의 도시 유적이에요. 잉카 제국은 페루를 중심으로 안데스산맥 일대에 잉카족이 세운 나라지요. 유럽인들이 들어오기 전에는 아메리카 대륙에서 가장 크고, 강력한 힘을 자랑했어요. 백두산(2,593미터) 만큼이나 높은 산꼭대기에 지어진 마추픽추는 돌로 만든 건물들이 빽빽이 들어서 있는데, 직접 보고도 믿을 수 없을 만큼 아름답고 신비하답니다.

마추픽추의 이모저모

잉카 제국의 잃어버린 도시

잉카 제국이 멸망하면서 마추픽추는 한동안 아무도 살지 않는 유령 도시로 남아 있었어요. 산꼭대기에 건설되어서 페루를 수백 년간 지배한 에스파냐 사람들도 잘 몰랐지요. 그러다 1911년에 미국의 역사학자 하이럼 빙엄이 마추픽추를 발견해 세상에 알렸어요. 그러나 잉카인들이 세웠다는 것 외에는 지금도 많은 것이 베일에 가려져 있어요. 학자들은 마추픽추가 잉카 제국 황제를 위한 요새나 별장이라고 추측해요.

미국의 역사학자 하이럼 빙엄

마추픽추 전경 | 멀리 와이나픽추 산봉우리가 우뚝 서 있는 모습이 한눈에 들어와요.

돌을 빈틈없이 쌓아 올린 놀라운 건축술

마추픽추에는 돌로 만든 건물 200여 개가 있어요. 그중에는 신전 같은 큰 건물도 있지요. 거대한 돌 사이에 칼 하나 들어갈 틈도 없이 정교하게 쌓아 올린 것을 보면, 잉카 사람들의 놀라운 건축술에 감탄이 절로 나와요.

계단식 밭에서 농사를 짓다

마추픽추 주변에는 가파른 산을 깎아 만든 계단식 밭이 있어요. 여기에 감자나 옥수수 농사를 지었어요. 또한 라마, 알파카 같은 가축들도 길렀지요. 계단식 밭은 잉카인들의 지혜가 엿보이는 중요한 문화유산이에요.

장의석 | 여러 단으로 깎아 만든 장의석은 특별한 장식이 없어 평범한 바위처럼 보여요. 제물을 올려놓던 제단으로 추측해요.

태양의 신전 | 돌을 곡선으로 둥글게 쌓았어요. 태양신을 섬겼던 잉카인들에게 매우 중요한 장소예요.

인티우아타나 | 잉카 말로 '태양을 연결하는 기둥'을 뜻해요. 잉카인들에게 해시계가 되어 주었으며, 이곳에서 태양을 붙잡아 두는 의식을 치르기도 했어요.

창문이 3개인 신전 | 이 신전은 벽면이 3개이고 동쪽 벽에 창이 3개 나 있어요. 잉카의 신전은 벽이 3개인 경우가 많아요.

마추픽추 유적지 입구

한눈에 보는 마추픽추
❶ 유적지 입구 ❷ 계단식 밭
❸ 장의석   ❹ 태양의 신전
❺ 왕궁   ❻ 창문이 3개인 사원
❼ 주택가   ❽ 인티우아타나

계단식 밭

마추픽추 주택가

마추픽추에 깃든 역사

파차쿠티 황제 동상

잉카 제국을 정복한 탐험가 프란시스코 피사로

잉카를 대제국으로 만든 파차쿠티

잉카 제국의 전성기를 이끈 사람은 바로 쿠스코 왕국의 아홉 번째 왕이자 잉카 제국의 제1대 황제인 파차쿠티예요. 학자들은 마추픽추도 파차쿠티가 만들었을 거라고 생각해요. 잉카는 처음에는 쿠스코를 중심으로 한 작은 왕국에 불과했지만, 파차쿠티가 즉위한 후부터 이웃 나라들과 계속 전쟁을 벌여 정복해 나간 결과, 짧은 시간 안에 대제국으로 성장했답니다.

잉카 제국을 정복한 에스파냐

잉카 제국은 약 100년 동안 남아메리카 일대를 다스렸어요. 뛰어난 건축술로 수도인 쿠스코와 전국을 연결하는 길을 만들고 마추픽추 같은 놀라운 공중 도시도 건설했지요. 하지만 유럽인들이 옮겨 온 천연두가 급속히 퍼지면서 나라가 힘을 잃었어요. 이를 틈타 에스파냐가 공격해 오자, 잉카 제국은 마지막 황제 아타우알파를 중심으로 끝까지 저항했지만 1532년에 멸망하고 말았지요.

> **생각의 날개**
> 마추픽추 유적지는 비교적 잘 보존되어 있지만, 언제 누가 어떻게 건설했는지는 베일에 싸여 있어요. 그 이유에 대해 생각해 보아요.

잉카 제국의 수도였던 쿠스코의 현재 모습

고대 잉카 제국의 요새로 추측되는 사크사우아만 유적지

페루 Peru

페루는 브라질, 아르헨티나에 이어 남아메리카에서 세 번째로 큰 나라예요. 오랜 기간 에스파냐의 식민지로 있다가 1824년에 독립을 이루었지요. 에스파냐어와 잉카 제국 때 쓰던 케추아어를 함께 공용어로 사용하는 등 옛 전통과 문화가 잘 남아 있어요. 2001년에는 원주민 출신 대통령이 탄생하기도 했답니다.

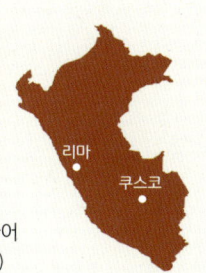

위치 : 남아메리카 중서부
수도 : 리마
언어 : 에스파냐어, 케추아어
통화 : 누에보 솔(PEN, S/.)

페루 전통 의상
라마의 털에서 뽑은 실로 짠 모직 옷이에요. 굉장히 따뜻하고 알록달록한 무늬가 매우 화려해요.

쿠스코 대성당
잉카 제국의 수도였던 쿠스코에서 비라코차 신전이 있던 자리에 세워진 성당이에요. 에스파냐인들이 남긴 잉카 제국 정복의 상징물이지요.

세비체
생선살, 오징어, 새우 같은 해산물을 회처럼 얇게 잘라 라임즙에 재운 뒤 채소와 함께 먹는 해산물 샐러드예요. 페루의 대표적인 음식이지요.

나스카 지상화
페루 남부 나스카의 평원에 그려진 기하학 문양과 동식물 그림이에요. 고대 나스카인들이 그린 것으로 추정되지만 누가, 언제, 왜 그렸는지 여전히 수수께끼예요.

라마
남아메리카 안데스산맥 고지에 사는 낙타과 동물이에요. 가축화되어 남아메리카 원주민들에게 털과 고기를 제공하고, 화물을 운반하기도 해요.

인티 라이미(태양제)
'인티'는 태양을, '라이미'는 축제를 의미해요. 잉카인들이 숭배했던 태양신 인티에게 감사하는 축제예요. 매년 6월 24일 쿠스코에서 열리지요.

꾸이
안데스 산악 지대에 서식하는 꾸이(기니피그)를 구워 만든 페루 전통 음식이에요. 잉카족들이 단백질을 섭취할 수 있는 중요한 음식이었고, 제례 의식 때도 바쳤다고 해요.

기자 피라미드

위치 : 이집트 기자
건축 시기 : 기원전 2580년경 ~ 기원전 2560년경
특징 : 세계에서 가장 큰 피라미드, 세계 7대 불가사의

카프레 왕의
피라미드

미스터리로 남아 있는 세계 최고의 문화유산

피라미드는 고대 이집트 왕(파라오)들의 사후 세계를 위해 만든 거대한 무덤이에요. 기자 피라미드는 이집트 기자 지역에 모여 있는 피라미드 무리를 가리키지요. 세 개의 거대 피라미드 외에도 크고 작은 피라미드들로 이루어져 있답니다. 또한 왕족과 신에게 제사를 지냈던 신관의 묘와 수백 개의 작은 무덤, 노동자 숙소, 둑길 등이 남아 있어요.

쿠푸 왕의 피라미드

- 왕의 묘
- 대기실(홀)
- 왕비의 묘

기자 피라미드의 이모저모

이집트를 대표하는 상징물은 바로 왕의 무덤

고대 이집트에서는 사람이 죽으면 시신을 미라로 만들고 사후 세계에서 쓸 물건과 귀중품 등을 함께 묻었어요. 처음에는 무덤을 흙벽돌로 지었는데, 기원전 2600년 무렵부터는 돌로 만든 무덤, 피라미드를 건설하기 시작했지요. 이집트에는 여러 피라미드가 남아 있는데 가장 유명한 것이 바로 기자의 3대 피라미드예요. 각각의 피라미드는 쿠푸 왕, 카프레 왕, 멘카우레 왕이 만들었지요. 이들은 할아버지, 아버지, 아들의 관계랍니다. 할아버지 쿠푸의 것이 가장 크고, 아들 멘카우레의 것이 가장 작아요.

멘카우레 왕 조각상

쿠푸 왕 조각상

카프레 왕 조각상

기자 피라미드 전경

약 230만 개의 돌로 만든 대피라미드

흔히 대피라미드라고 부르는 쿠푸 왕의 피라미드는 무려 4,500여 년 전에 건설되었어요. 높이가 146미터, 한 변의 길이가 230미터가 넘지요. 자그마치 230만 개의 돌이 사용되었으며, 돌 한 개의 평균 무게는 2.5톤이나 돼요.

피라미드의 수호신 스핑크스

사자 몸에 사람 머리를 한 스핑크스는 카프레 왕의 피라미드에 딸린 조각상이에요. 왕의 무덤을 지키는 수호신이지요. 스핑크스는 작은 바위산을 통째로 깎아 만들어서 이음새가 전혀 없답니다. 사막의 모래바람을 그대로 맞으며 서 있었던 탓에 파손된 부분이 많아요.

쿠푸 왕의 피라미드

스핑크스가 지키고 있는 카프레 왕의 피라미드

스핑크스

피라미드를 짓는 데 사용한 돌은 자연에서 얻은 것으로 일정한 규칙에 따라 깎고 다듬었어요.

한눈에 보는 기자 피라미드
1. 쿠푸 왕의 피라미드(대피라미드)
2. 카프레 왕의 피라미드
3. 멘카우레 왕의 피라미드
4. 여왕을 위한 작은 피라미드
5. 스핑크스

피라미드는 어떻게 만들었을까?

피라미드를 건설할 당시에는 바퀴가 발명되기 전인데, 어떻게 큰 돌들을 사막으로 옮기고 높이 쌓을 수 있었을까요? 많은 학자들은 나일강 뱃길을 이용해 멤피스 근처 투라 채석장에서 기자까지 돌을 가져왔을 거라고 생각해요. 그런 다음 긴 경사로를 만들어 피라미드를 쌓아 올렸을 거라고 추측한답니다. 하지만 기록이 없어서 확실하진 않아요. 기자 유적지에는 피라미드를 만들던 일꾼들의 마을과 숙소도 남아 있는데, 이들은 충분한 보수를 받으면서 피라미드를 만들었다고 해요.

기자 피라미드에 깃든 역사

고왕국의 전성기를 이끈 쿠푸 왕

고대 이집트 역사는 기원전 3000년경 초기 왕조 시대부터 시작해요. 이때 나일강을 중심으로 나뉘어져 있던 상이집트와 하이집트가 통일되지요. 이후 고왕국, 중왕국, 신왕국 시대로 이어지며 크게 발전했는데, 고왕국의 전성기를 이끈 파라오가 바로 쿠푸예요. 고왕국 때 시작한 피라미드 건설은 중왕국 시대까지 이어지다가 신왕국이 시작되면서 끊겼어요. 대신 나일강 서쪽 계곡을 파고 비밀 무덤(왕가의 계곡)을 만들었지요. 고왕국 시대부터 피라미드를 털어 가던 도굴꾼들을 피하기 위해서였어요.

신왕국 시대의 무덤 유적지, 왕가의 계곡

왕가의 계곡에서 발견된 벽화

카르나크 신전의 람세스2세 조각상 | 람세스는 이집트 역사상 가장 번영했던 신왕국의 제19왕조 파라오예요. 자신의 업적을 드러내는 건축물과 조각을 많이 남겼어요.

이집트학을 탄생시킨 나폴레옹의 침공

나폴레옹은 1798년에 영국의 인도 지배를 약화시키기 위해 두 나라를 잇는 길목인 이집트를 공격했어요. 그런데 프랑스군과 이집트군이 맞붙은 전투지에서 저 멀리 기자 피라미드가 보였어요. 나폴레옹은 병사들에게 "전진하라. 4천 년의 역사가 우리를 보고 있다."고 말했다고 해요. 나폴레옹은 훗날 이 전투를 '피라미드 전투'라고 불렀어요.

평소 고대 문명에 관심이 많았던 나폴레옹은 이집트 원정 때 100여 명의 학자들을 데려가 3년 동안 고대 유물들을 샅샅이 조사했어요. 그 결과 이집트를 연구하는 학문인 이집트학이 탄생했답니다.

《프랑스군의 역사(1792~1833)》에 실린 피라미드 전투 삽화

생각의 날개
기자의 피라미드와 치첸이트사 피라미드의 공통점과 차이점은 무엇일까요?

이집트 Egypt

아프리카 북동쪽에 자리잡은 이집트는 5천 년이 넘는 역사를 자랑해요. 피라미드 같은 찬란한 고대 문명을 이루었고, 641년에 이슬람 세력이 들어온 이후에는 지금까지도 아랍어를 쓰는 등 이슬람 문화를 지키고 있답니다. 오늘날 아프리카와 중동 지역의 군사 강국이자 경제 강국이에요.

위치 : 아프리카 북동부
수도 : 카이로
언어 : 아랍어
통화 : 이집트 파운드(EGP, £E)

파피루스
고대 이집트에서 처음 사용하기 시작한 종이예요. 볏과 식물 파피루스로 종이를 만들어 문자를 기록했지요.

클레오파트라
기원전 51년부터 약 20년 동안 이집트를 통치한 마지막 파라오예요. 이집트를 지키기 위해 로마 제국에 맞서며 뛰어난 정치력을 발휘했어요. 하지만 그녀가 죽으면서 이집트는 결국 로마의 지배를 받게 되었답니다.

아부 심벨 신전
이집트 나일강 서쪽의 사암 절벽을 깎아 만든 신전이에요. 기원전 1244년에 완성되었지요. 입구에 건설을 명령한 람세스 2세 조각상이 4개 있어요.

신성 문자
고대 이집트의 상형 문자를 뜻해요. 세계에서 가장 오래된 문자 중 하나로, 기원전 3200년경부터 사용되었어요.

미라
고대 이집트에서 널리 행해진 시체 보관법이에요. 시체를 미라로 보존하면 영혼이 저 세상에서 영원한 생명을 얻을 수 있다는 신앙이 있었어요.

이집트 벽화
고대 이집트인들은 무덤이나 신전의 벽면에 그림을 그렸어요. 이집트 신화 속 신들과 파라오, 신성 문자, 다양한 문양, 일상 생활 모습 등을 그렸지요.

투탕카멘 황금 마스크
투탕카멘은 고대 이집트 제18대 왕조의 12대 왕이에요. 왕가의 계곡에 있는 그의 무덤에서 황금 마스크, 황금관 등 많은 유물이 도굴되지 않은 채 발견되어 유명해졌어요.

시드니 오페라하우스

위치 : 호주 시드니
건축 시기 : 1959~1973년
특징 : 조개껍데기 모양의 독특한 외관

20세기 건축의 걸작

오스트레일리아의 아름다운 항구 도시 시드니에 있는 오페라 극장이에요. '20세기 건축의 걸작'으로 불리며 시드니를 넘어 오스트레일리아를 대표하는 랜드마크로 자리잡았어요. 2007년에는 유네스코 세계 유산이 되었고, 오페라하우스를 설계한 건축가 예른 웃손은 건축디자인 분야의 노벨상으로 불리는 프리츠커상을 받았답니다.

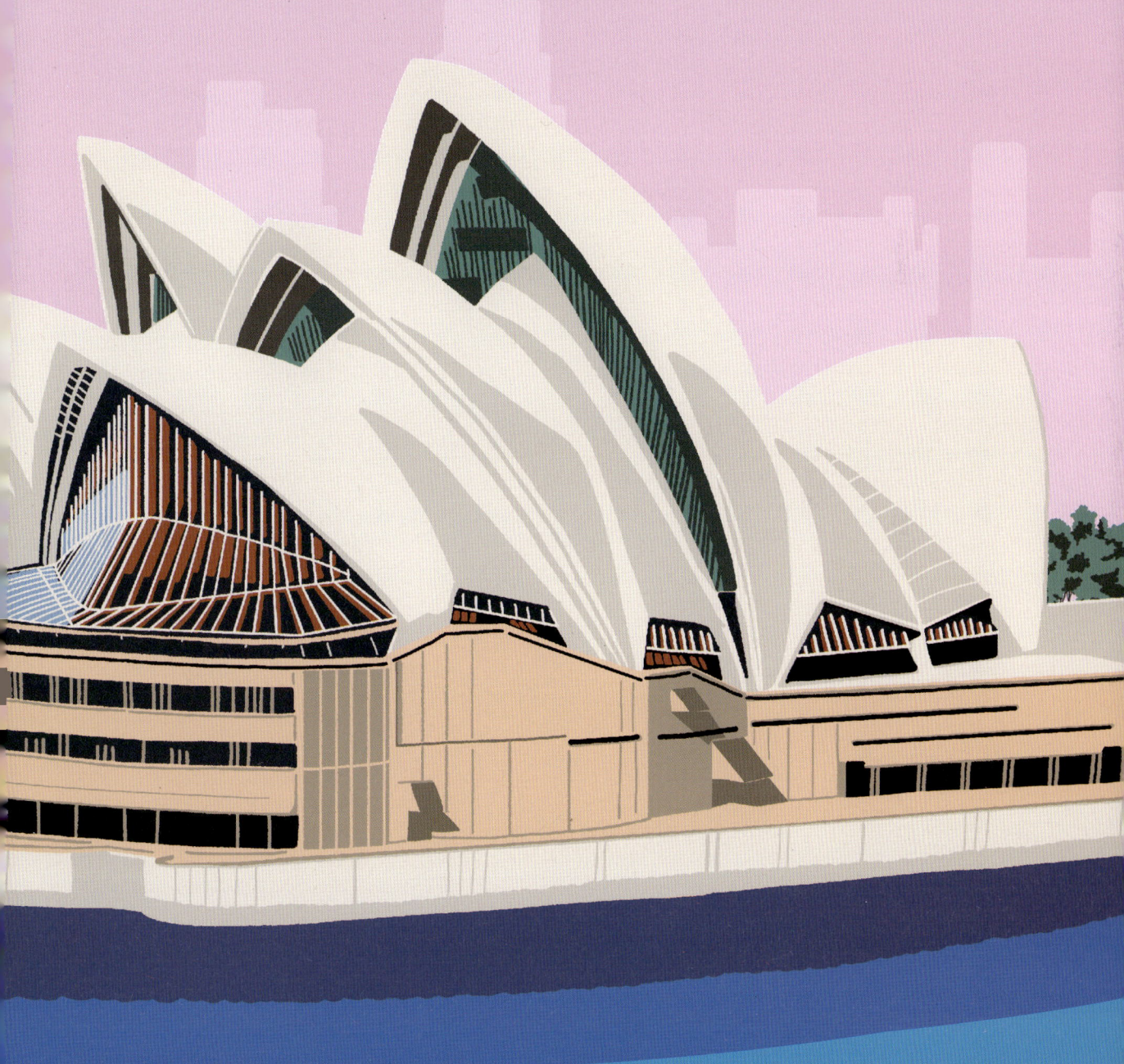

시드니 오페라하우스의 이모저모

국제 공모전 1위 수상작

시드니 시는 오페라하우스 설계안을 공개 모집했어요. 전 세계에서 200점 이상의 작품이 지원했는데, 덴마크 건축가 예른 웃손의 작품이 1위를 차지했지요. 그는 오렌지 껍질을 까다가 오페라하우스의 독특한 외관을 떠올렸다고 해요. 하지만 독특한 모양 탓에 건축 과정에서 어려움이 많았어요. 처음에는 공사 기간을 4년으로 잡았지만 조개껍데기 모양의 지붕을 만드는 데만 8년이나 걸렸지요. 결국 14년 만에 완공되었고, 비용도 예상보다 10배 이상 늘어났답니다.

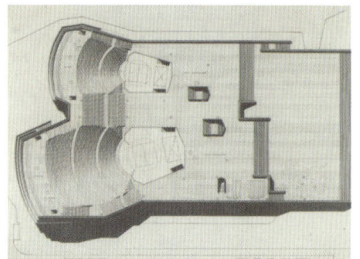

1957년, 예른 웃손에게 5천 파운드의 1등 상금을 안겨 준 시드니 오페라하우스의 3층 설계 도면

100만 장의 타일과 45도 기울어진 유리창

오페라하우스는 약 100만 장의 특수 타일을 붙여 완성했어요. 때가 잘 안 타는 흰색과 상아색 타일은 제작하는 데만 3년이 걸렸지요. 그리고 오페라하우스의 유리창은 대부분 45도로 기울어져 있어요. 그러면 유리창이 불빛을 반사하지 않아 선명한 야경을 볼 수 있어요.

오페라하우스의 타일

극장과 콘서트홀을 갖춘 복합 건물

오페라하우스는 실내도 외관만큼 훌륭해요. 가장 큰 공연장인 콘서트홀은 호주산 자작나무 합판을 붙여 음향 효과를 높였고, 세계에서 가장 큰 파이프오르간이 있어요. 이 외에도 조안 서덜랜드 극장, 드라마 극장, 연극관 등 4개의 공연장과 연습실 등이 있지요.

콘서트홀 로비의 유리창

콘서트홀 내부

조안 서덜랜드 극장

앞 광장에서 본 오페라하우스

한눈에 보는 오페라하우스
1. 콘서트홀
2. 조안 서덜랜드 극장
3. 극장 바
4. 베넬롱 포인트
5. 바두 길리
6. 노던 브로드워크

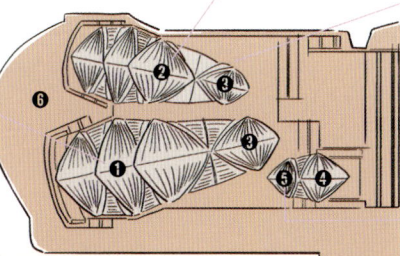
남쪽에서 바라본 오페라하우스

시드니 오페라하우스에 깃든 역사

제임스 쿡의 얼굴이 새겨진 기념 메달

클라우디오 몬테베르디 초상화

영국의 식민지에서 영연방 국가로

시드니 오페라하우스 완공 기념식에는 영국의 엘리자베스 2세 여왕이 참석했어요. 오스트레일리아는 영국의 식민지였던 국가들의 연합체인 '영연방'의 일원이거든요. 영연방에는 영국, 캐나다, 뉴질랜드 등 전 세계 56개국이 참여하고 있지요. 오스트레일리아가 영국 식민지가 된 것은 18세기의 일이에요. 1770년 영국 해군 제임스 쿡 대위가 오스트레일리아 동부를 점령한 것이 시작이었지요. 이들은 원주민(애보리진)을 몰아내고 식민지를 넓혔어요. 이후 영국의 간섭을 거의 받지 않는 자치령이 되었다가, 1986년 완전한 독립 국가가 되었지요.

오페라 전용 공연장 오페라하우스

오페라는 16세기 말 이탈리아에서 태어난 음악극이에요. 이탈리아 작곡가 클라우디오 몬테베르디가 오페라의 확립에 크게 기여했지요. 오페라는 노래를 중심으로 한 극으로, 독창자와 합창자의 노래와 연기, 춤이 한 무대 위에서 펼쳐져요. 또한 오페라 가수들은 마이크를 쓰지 않고 본인의 목소리로만 노래를 불러요. 그래서 뛰어난 음향 시설을 갖춘 전용 공연장인 오페라하우스가 생겨난 거예요. 이에 비해 뮤지컬은 대사가 많고 노래만큼이나 춤이 중요해요. 그리고 가수들이 마이크를 사용한다는 점이 달라요.

생각의 날개

영국 왕을 군주로 인정하는 영연방 체제는 과거 영국의 식민 통치를 미화한다는 점에서 부정적으로 생각하는 사람도 많아요. 여러분의 생각은 어떤가요?

〈보터니만에 상륙한 쿡〉, 임마누엘 필립스 폭스, 1902년

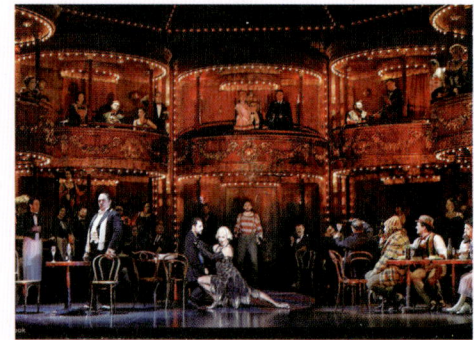

오페라 〈오르페오〉 공연의 한 장면

오스트레일리아 Australia

우리나라보다 77배가 큰 국토에 약 2,500만 명이 살고 있어요. 기후가 다양하고 자연환경도 독특해서 캥거루나 코알라처럼 오스트레일리아에서만 사는 동식물들이 많아요. 영국을 비롯한 유럽 이주민의 후손이 대부분이지만 이전부터 살던 원주민들도 고유한 문화를 지키며 살고 있답니다.

위치 : 오세아니아 대륙
수도 : 캔버라
언어 : 영어
통화 : 오스트레일리아 달러(AUD, A$)

울루루
높이 348미터, 둘레 9.4킬로미터에 달하는 거대한 모래 바위예요. 울루루는 원주민들이 신성하게 여기는 장소로, 그들의 언어로 '그늘이 지는 장소'라는 뜻이에요.

애보리진
약 4만~7만 년 전부터 오스트레일리아에 살고 있던 원주민이에요. 원주민 인구는 2016년 기준 약 80만 명으로 오스트레일리아 전체 인구의 약 3.3퍼센트를 차지해요.

하버브리지
시드니 북부와 남부를 연결하는 하버브리지는 1,149미터로 세계에서 두 번째로 긴 다리예요. 아치 위로 올라갈 수도 있는데, 그 정상에 서면 시드니 시내가 한눈에 보여요.

오스트레일리아 국회의사당
수도 캔버라에 있는 국회의사당은 독특한 건축 디자인으로 유명해요.

캥거루
오스트레일리아를 상징하는 동물로, 화폐나 국가대표 유니폼 등에도 그려져 있어요. 아랫배 앞에 있는 육아낭에서 새끼를 키우고, 뒷다리로만 깡충깡충 뛰어요.

코알라
오스트레일리아에만 서식하는 포유류예요. 하루에 20시간 정도 자고, 나머지 시간에는 대부분 유칼리나무의 잎을 먹어요. 행동이 느리고 온순해요.

그레이트 배리어리프
세계에서 가장 큰 산호초 군락이에요. 오스트레일리아 동북부 앞바다에 약 2,300킬로미터나 뻗어 있지요. 하지만 환경오염으로 위험에 처해 있어요.

함께 알아 두면 좋은
세계의 랜드마크

창덕궁

경복궁의 뒤를 이어 지어진 조선 궁궐이에요. 주변 자연과 조화를 이룬 모습이 아름답고, 산자락으로 이어지는 후원 또한 그림 같아요. 덕분에 조선의 다섯 궁궐 중에서 유일하게 유네스코 세계 유산이 되었답니다.

왓 프라깨우

태국 방콕에 있는 왕실의 불교 사원이에요. 이곳에 75센티미터 크기의 신비한 에메랄드 불상이 모셔져 있어 에메랄드 사원이라고도 해요. 왕궁에 속해 있는 사원으로, 승려가 아니라 왕이 직접 관리하고 있어요.

부르즈 칼리파

아랍에미리트연방 두바이에 있는 초고층 빌딩이에요. 높이 828미터로 현재 세계에서 가장 높은 건물이지요. 사무실, 호텔, 오락 시설 등을 갖춘 대규모 복합 시설로 수많은 관광객이 찾아오는 세계적인 랜드마크예요.

바위의 돔

예루살렘을 대표하는 모스크이자 랜드마크예요. 기독교, 이슬람, 유대교에서 모두 성인으로 존경받는 아브라함이 승천했다는 바위 위에 세워졌지요. 금빛으로 빛나는 돔 덕분에 '황금 사원'이라고도 불려요.

피렌체 대성당

이탈리아 피렌체에 있는 대성당이에요. 르네상스 건축의 선구자 브루넬레스키가 설계한 돔 지붕, 미켈란젤로의 조각상 '피에타', 아름다운 스테인드글라스 창 등으로 유명하지요.

쇤부른 궁전

오스트리아의 수도 빈에 있는 궁전이에요. 18세기 중엽 합스부르크 왕가의 마지막 군주인 마리아 테레지아 여제의 여름 별장으로 지어졌어요. 자연과 건축물이 조화롭게 어우러진 바로크 양식의 우아한 건축물이에요.

틴 성모 교회

13세기에 고딕 양식으로 지어진 교회예요. 중앙에 우뚝 선 2개의 탑 높이가 80미터라, 아름다운 도시 프라하에서 가장 눈에 잘 띄는 랜드마크가 되었답니다. 교회 내부에는 프라하에서 가장 오래된 성수대가 있어요.

노이슈반슈타인성

독일 슈방가우에 있는 로마네스크 양식의 성이에요. 바이에른의 왕국의 루트비히 2세가 지었어요. 매우 아름답고 낭만적인 이 성을 본떠 만든 것이 바로 미국 디즈니랜드의 성이에요.

금문교

샌프란시스코를 상징하는 주홍빛 다리예요. 골든게이트 해협을 가로질러 샌프란시스코와 마린카운티를 연결해 주어요. 다리의 총 길이는 약 2,800미터로 1937년 완공 당시에는 세계에서 가장 큰 다리였어요.

랄리벨라 암굴 교회

12세기 무렵 만들어진 에티오피아의 교회예요. 거대한 바위를 십자가 모양으로 파고 들어가 만든 독특한 모습이지요. 성경에 나오는 '시바의 여왕'이 다스린 곳으로 알려진 에티오피아는 오래 전부터 유서 깊은 기독교 국가였어요.

피사의 사탑

이탈리아 피사 대성당에 있는 종탑으로, 약 5.5도 기울어진 것으로 유명해요. 현재는 여러 번의 보수를 거쳐 기울어짐 현상이 멈추었다고 해요. 갈릴레이가 이곳에서 물체의 자유낙하 실험을 한 것으로 알려졌지만 사실이 아니랍니다.

베르사유 궁전

파리 남서쪽 베르사유에 있는 바로크 양식의 궁전이에요. 루이 14세의 강력한 왕권을 상징하듯 규모가 매우 크고 화려해요. 특히 수백 개의 거울로 꾸며진 '거울의 방'은 왕족의 결혼식, 외국 사신 접견이 진행된 중요한 공간이었어요.

이미지 출처

문화재청 10p 근정전, 근정전 어좌 | 12p 수정전, 건청궁, 자경전, 사정전, 자선당, 소주방 | 13p 〈북궐도형〉

국립고궁박물관 11p 경회루 연못 출토 청동용, 근정문 잡상(대당사부)

한국학중앙연구원 14p 《삼봉집》

국립민속박물관 14p 건청궁 옥호루

국립중앙박물관 20p 〈산해관 입궁도〉

서울역사박물관 14p 흥선 대원군 초상화

게티이미지 25p 오사카 성 | 42p 성 소피아 성당 | 49p 영국 국회의사당

셔터스톡 109p 구원의 예수상

Freepik
10p 광화문과 해태상, 근정전 천장의 칠조룡, 근정전 단청 | 11p 해태상, 경복궁 전경 | 12p 흥례문 | 13p 경회루, 향원정 | 15p 대한민국 아이콘 | 18p 진샹링, 바다링 | 19p 만리장성 전경, 만리장성 망루, 만리장성 계단 | 20p 칭기즈칸 동상 | 21p 중국 아이콘 | 24p 오사카 성 천수각 | 27p 일본 아이콘 | 30p 도서관, 중앙탑 | 31p 제1회랑 부조, 압사라를 추는 무희, 앙코르 와트 전경 | 32p 반티아이 스레이 사원, 바욘 사원의 관음보살상 | 33p 캄보디아 아이콘 | 36p 타지마할 전경 | 37p 타지마할 출입문, 모스크, 미나레트, 타지마할 외벽 문양, 타지마할 정원 | 38p 아그라 요새에서 바라본 타지마할, 아그라 요새 | 39p 인도 아이콘 | 43p 성당 천장과 아랍어 현판, 성당 내부, 스테인드글라스, 천사 모자이크화 | 44p 술탄 아흐메드 모스크 | 45p 튀르키예 아이콘 | 48p 빅토리아 타워와 센트럴 타워, 국회의사당의 옛 궁전 마당, 빅벤 | 50p 크롬웰 동상 | 51p 영국 아이콘 | 54p 개선문 | 55p 〈1792년 출발〉 부조, 〈1810년 승리〉 부조, 개선문, 개선문 아치와 천장의 석조 장미 | 57p 프랑스 아이콘 | 60p 콜로세움 | 61p 콜로세움 내부 1~2, 도리아 양식, 이오니아 양식, 코린트 양식 | 63p 이탈리아 아이콘 | 66p 브란덴부르크 문 | 67p 브란덴부르크 문, 승리의 여신상 | 69p 독일 아이콘 | 72p 파르테논 신전 | 73p 언덕 위의 아크로폴리스, 에레크테이온 신전, 프리즈, 파르테논 신전 기둥 | 75p 그리스 아이콘 | 78p 성당 입구, 미넨과 포자르스키 동상 | 79p 성 바실리 대성당 | 80p 크렘린 궁전 | 81p 러시아 아이콘 | 84p 탄생의 파사드, 영광의 파사드, 수난의 파사드에서 바라본 탑들 | 85p 사그라다 파밀리아 성당, 본당의 천장과 기둥 | 86p 구엘 공원, 카사 바트요 | 87p 에스파냐 아이콘 | 90p 자유의 여신상과 맨해튼 전경 | 91p 자유의 여신상 머리, 독립선언서, 자유의 여신상 | 93p 미국 아이콘 | 96p 엘 카스티요 | 97p 엘 카라콜, 전사의 신전 기둥 | 98p 마야의 상형 문자 | 99p 멕시코 아이콘 | 102p 아후 통가리키 | 103p 아후 아키비, 푸카오를 쓴 모아이, 라노 라라쿠 채석장 | 104p 이스터섬 | 105p 칠레 아이콘 | 108p 리우데자네이루 전경, 예수상 | 109p 예수상 머리와 하단부 | 110p 브라질 독립기념비 | 111p 브라질 아이콘 | 114p 마추픽추 전경 | 115p 계단식 밭, 인티우아타나, 마추픽추 주택가 | 116p 파차쿠티 황제 동상, 쿠스코 시내 전경, 사크사우아만 유적지 | 117p 페루 아이콘 | 120p 기자 피라미드 전경 | 121p 쿠푸 왕의 피라미드, 스핑크스, 카프레 왕의 피라미드, 피라미드 돌 | 122p 람세스2세 조각상 | 이집트 아이콘 | 126p 오페라하우스 | 127p 오페라하우스 타일, 조안 서덜랜드 극장, 앞 광장에서 바라본 오페라하우스, 하버브리지에서 바라본 오페라하우스(하단) | 129p 오스트레일리아 아이콘 | 130p 왓 프라깨우, 브르즈 칼리파, 바위의 돔, 피렌체 대성당, 쇤부른 궁전 | 131p 틴 성모 교회, 노이슈반슈타인성, 금문교, 피사의 사탑, 베르사유 궁전

위키미디어 공용
18p 진시황 초상화, 자위관, 무텐위창청 | 19p 만리장성의 넓은 길 | 20p 맹강녀 | 24p 도요토미 히데요시 초상화, 오사카 성의 망루, 해자, 성벽 | 26p 〈부산진순절도〉, 도쿠가와 이에야스 초상화, 〈오사카 성 여름 전투 병풍〉 | 30p 십자회랑, 제3회랑 계단 | 31p 쿠루 평원 전투 부조 | 32p 자야바르만 2세 조각상 | 36p 뭄타즈 마할 초상화 | 37p 샤자한과 뭄타즈 마할의 석관, 타지마할 내부 | 38p 〈샤자한의 죽음〉 | 42p 첨탑 | 43p 미흐라브, 예수 모자이크화, 성모 마리아 모자이크화 | 44p 유스티니아누스 1세 초상화, 〈콘스탄티노플의 함락〉 | 48p 국회의사당 상원 회의장, 국회의사당 하원 로비 | 49p 웨스트민스터 홀 | 50p 대헌장, 〈1645년 네이즈비 전투의 크롬웰〉, 시몽 드 몽포르 초상화 | 54p 개선문과 12개 도로 | 55p 〈아부키르 전투〉 부조, 프랑스 승리 전투와 군인 이름, 무명 용사의 묘 | 56p 인권 선언문, 〈바스티유 습격〉, 나폴레옹 초상화 | 60p 5유로센트 동전, 세스테스티우스 동전 | 61p 공중에서 바라본 콜로세움 | 62p 고대 로마의 동전, 〈황제에 경의를 표하는 검투사들〉, 〈네로의 횃불〉 | 66p 고요의 방 | 67p 메토프와 16개의 정사각형 부조, 다락방 부조, 헤라클레스 부조 | 68p 빌헬름 1세 초상화, 폐허가 된 브란덴부르크 문, 베를린 장벽 | 72p 페리클레스 흉상, 아테나 여신상 | 73p 아테나 니케 신전 | 74p 그리스 연합군과 페르시아 전사의 전투, 〈모스크가 설치된 파르테논 신전〉, 파르테논 신전 조각 | 78p 대성당 내부 벽화, 지하 성모화, 중앙 예배당 천장 | 80p 이반 4세 초상화, 〈이반 4세의 카잔한국 점령〉 | 84p 수난의 파사드 | 85p 스테인드글라스, 나선형 계단, 마리아 탑 | 86p 안토니오 가우디, 게르니카 벽화 | 90p 파리에서 제작 중인 자유의 여신상 | 91p 횃불 원형, 자유의 여신상 계단, 별모양 받침대 | 92p 〈롱아일랜드 전투〉, 조지 워싱턴 초상화, 블랙톰섬 폭발 사진 | 96p 뱀 머리 장식, 차크몰, 재규어 옥좌 | 97p 촘판틀리, 구기장, 라스 몬자스, 전사의 신전 | 98p 콜럼버스 초상화, 〈콜럼버스의 아메리카 상륙〉 | 102p 땅속에 묻힌 석상 | 103p 투쿠투리, 호아 하카나나이아 | 104p 이스터섬 지도, 〈모아이 카바카바〉 | 108p 코르코바도산에 구원의 예수상을 짓기 전과 후의 모습 | 110p 카브랄 초상화, 페드루 1세 초상화 | 114p 하이럼 빙엄 | 115p 장의석, 태양의 신전, 마추픽추 입구, 창문이 3개인 신전 | 116p 프란시스코 피사로 초상화 | 120p 쿠푸 왕 조각상, 카프레 왕 조각상, 멘카우레 왕 조각상 | 122p 왕가의 계곡과 벽화, 피라미드 전투 삽화 | 126p 오페라하우스 3층 설계 도면 | 127p 콘서트홀 로비의 유리창, 콘서트홀 내부, 남쪽에서 바라본 오페라하우스 | 128p 제임스 쿡 기념 메달, 클라우디오 몬테베르디 초상화, 〈보터니만에 상륙한 쿡〉, 〈오르페오〉 공연 사진 | 130p 창덕궁 후원 | 131p 랄리벨라 암굴 교회

참고 도서

《교과서에 나오는 유네스코 세계 문화유산》 시리즈, 이형준, 시공주니어 2008~2011
《죽기 전에 꼭 봐야 할 세계 역사 유적 1001》, 리처드 카벤디쉬, 마로니에북스 2009
《아빠가 알려주는 문화유적 안내판》, 구완회, 낭만북스 2011
《어린이를 위한 유쾌한 세계 건축 여행》, 배윤경, 토토북 2012
《와글와글 세계 지리 속으로》, 클라우디아 마틴, 다섯수레 2022

참고 사이트

유엔(un.org), 통계청(kostat.go.kr)